# Heiler Deines Selbst – Antar Pradeep

# Heiler Deines Selbst

13 Schritte zu innerem Frieden
Glück und Harmonie

Antar Pradeep

Swami Prem Jayant Verlag

Die Deutsche Bibliothek – CIP Eintrag

**Pradeep, Antar:**
Heiler Deines Selbst : 13 Schritte zu innerem
Frieden, Glück und Harmonie / Antar Pradeep. –
Erfelden am Rhein : Swami Prem Jayant Verl., 2002
ISBN 3-8311-3482-0

Neuauflage 2002
ISBN 3-8311-3482-0

Satz und Layout: Swami Prem Jayant Verlag
Printed in Germany
Herstellung: Books on Demand GmbH

# Inhalt



## Teil I – Was hindert uns am Glücklichsein?



## Teil II – Was führt uns zum Glücklichsein?

# Vorwort

Tatsache ist, daß jedes Leben für jeden Menschen unzählige Chancen bereithält. Doch viele verpassen das, was unter wirklichem, lebendigem Leben zu verstehen ist. Der Alltag mit seinen kleinen und großen Problemen hält sie gefangen, läßt sie tanzen wie Marionetten auf der Bühne. Und im Laufe der Zeit halten viele dies für die Realität, für Normalität und vergessen, daß Leben ganz anders sein kann.

Bewußt gelebtes, erfülltes Leben ist etwas Aufregendes, etwas Schönes, sowohl in der Freude wie auch im Schmerz. Dazu gehören Träume, Wünsche und Ziele, die sich realisieren lassen, auch immaterieller Natur.

Die moderne westliche Industriegesellschaft ist arm an Träumen geworden. Damit sind die natürlichen Wünsche und Sehnsüchte der Menschen in den Bereich der Werbung, des Konsums und des Kommerz kanalisiert worden, um dem vorherrschenden materialistischen System zur finanziellen Absicherung zu verhelfen.

Fragt man heute junge Leute nach ihren größten Wünschen und Sehnsüchten, so erhält man eine Hitliste, auf der die ersten zehn Plätze mit materiellen Dingen gefüllt sind. Auto, Stereoanlage, Wohnung, Haus, exklusive Möbel, ferne Reisen; all das bestimmt vorrangig das Wertesystem des modernen Menschen in der westlichen Welt, ja diese Lebenseinstellung gilt bereits als Exportschlager für die Länder der Dritten und Vierten Welt.

Es ist daher nur folgerichtig, daß auch in Fällen, in denen es im zwischenmenschlichen Bereich zu Problemen kommt, Lösungen ganz automatisch auf der materiellen Ebene gesucht werden. Ein mit seiner Firma verheirateter Ehemann kauft der alleingelassenen Ehefrau zum Trost ein teures Collier – oder ein schickes Sportcoupé, das er ja auch einmal selbst fahren kann. Junge Liebespaare schieben das Scheitern von Beziehungen vorrangig auf die fehlende materielle Grundlage; die Wohnung war zu klein, der Job machte einen gefrustet und fertig usw. Und Eltern beruhigen ihre Kinder mit Fernsehen, Videos und – wenn dies über mangelnde Liebe nicht mehr hinweghilft – mit Mofas, Autos und teuren Geschenken.

Dieses Abstellen auf rein materielle Werte führt gleichzeitig zu einer zunehmenden Rücksichtslosigkeit in der Gesellschaft. Nicht mehr Hilfsbereitschaft, Treue, Liebe und Unterstützung in Not sind gefragte Tugenden eines erfolgreichen Westeuropäers oder Nordamerikaners, sondern geschäftlicher Erfolg und Statussymbole wie Haus, Autos, Urlaube und kostspieliger Lebensstil.

John C. Eccles schreibt hierzu in seinem Buch »Gehirn und Seele«: »Soweit der Mensch Massenmensch geworden ist, verlor er seinen Sinn für die geistigen Werte – Liebe, Wahrheit, Weisheit, Güte, Schönheit –.

Die Menschen wünschen, nichts mehr von den Forderungen einer größeren Humanität zu hören, von der Pflicht der geistigen Anstrengung und eines aufrechten Lebens. Sie möchten in einem Leben voll von Vergnügungen dahinvegetieren, das eine falsche Sicherheit durch die Abwesenheit von Furcht und Hoffnung bietet. Es gibt weder eine Bedeutung noch einen Zweck des Lebens. Nichts zählt mehr.« (John C. Eccles, Gehirn und Seele, S.181).

Aber die Zahl der Menschen wächst, die sich in einer

derart entseelten Welt verlassen fühlen und die Werten wie zwischenmenschlichen Beziehungen, Hilfsbereitschaft, Güte und Zuneigung einen immer größeren Rang einräumen, als es dem Image der modernen, dynamischen Welt entspricht.

Diese Menschen möchte ich mit meinem Buch ermutigen und gleichzeitig Wege und Möglichkeiten aufzeigen, wie man trotz vieler Widerstände durch die vorherrschende Lebensauffassung zu einem wahren, glücklichen und zufriedenen Leben für sich und seine Angehörigen gelangen kann.

Ich möchte mit einer Übersicht über wesentliche Schwierigkeiten innerhalb der heutigen Lebensverhältnisse beginnen und daran anschließend Hilfsmöglichkeiten und Lösungsvorschläge aufzeigen, für alle, die in der Befriedigung ihrer materiellen Bedürfnisse allein keine ausreichende Erfüllung ihres Lebens erkennen. Die mehr anstreben als materiellen Wohlstand und gesellschaftliches Ansehen und die bereit sind, dafür auch neue unkonventionelle Wege einzuschlagen, die sie schließlich zu einem tatsächlich erfüllten, glücklichen und zufriedenen Leben führen werden.

Dabei liegt es mir fern, neue Ideologien oder Wahrheiten anbieten zu wollen. Vielmehr möchte ich Menschen zum Nachdenken bringen über sich selbst und über die Art, wie sie sich ihre Lebensräume erschaffen und sich ihr eigenes Leben kreieren. Was ich zu sagen habe, soll also nicht als Wahrheit gelten, sondern als Angebot angenommen werden, über das es sich lohnt nachzudenken, um vielleicht das eine oder andere in seinem Leben zu seinen eigenen Gunsten zu verändern.

Du mußt das Leben nicht verstehen,
dann wird es werden, wie ein Fest.
Und laß Dir jeden Tag geschehen,
so wie ein Kind im Weitergehen von jedem Wehen,
sich viele Blüten schenken läßt.

Sie aufzusammeln und zu sparen,
das kommt dem Kind nicht in den Sinn.
Es löst sie leise aus den Haaren,
drin sie so gern gefangen waren,
und hält den lieben jungen Jahren
nach neuen seine Hände hin.

(Rainer Maria Rilke)

# Einleitung

Die Weltsicht der westlichen Industriegesellschaft hat sich in den letzten 50 Jahren vorrangig der Technik und der Naturwissenschaft zugewandt, und man wird in den Schulen immer mehr dazu angehalten, nur das als wahr anzuerkennen, was durch Erfahrung bedingt oder durch Experimente, Dokumente und Urkunden eindeutig belegbar ist. Diese Erziehung verleitet uns, immer mehr Gewicht auf praktische Errungenschaften zu legen, die finanziell oder zumindest intellektuell etwas einbringen. Dagegen achten wir immer weniger auf geistige Erörterungen, auf bildende Kunst und deren tiefere Symbolik und auf das, was wir die eigentlichen Werte des Lebens nennen könnten.

Der Wert des Geistigen als nichtkommerzieller Teil des kulturellen Erbes wird aber auch heute noch von einem Teil der nicht dem westlichen Kulturkreis angehörenden Menschheit, der bei weitem zahlreicher ist als der, dem wir mit unserem Denken angehören, weiter geschätzt und gepflegt.

Unser Bildungssystem ist dagegen einseitig auf unmittelbar greifbare Vorteile ausgerichtet. Das heißt, es ist verkommerzialisiert. Von wissenschaftlicher Kreativität im Sinne eines frei denkenden Geistes kann da keine Rede mehr sein. Was keinen Gewinn erwarten läßt, das interessiert nicht, es braucht erst gar nicht erlernt und gedacht zu werden.

Und wohin hat uns die moderne erlebnisarme, vorwiegend abstrakte, messende, wägende, rechnende und spekulierende Wissenschaft bis heute geführt? Was sind die

Folgen eines Erkennenwollens von außen her, aus dem rationalen Gegenüber zum erkennenden Gegenstand der Wissenschaft? Wie wirkt sich die Absonderung des forschenden Wissenschaftlers von der Einheit mit der Gesamtnatur tatsächlich aus? Und bringen die so erzielten Forschungsergebnisse tatsächlich eine Steigerung an Lebensqualität, Zufriedenheit und Wohlbefinden für die Mehrzahl der Mitglieder unserer modernen Gesellschaft?

»Ach wäre ich niemals in eure Schulen gegangen« klagte bereits Friedrich Hölderlin. »Die Wissenschaft, der ich in den Schacht herunter folgte, von der ich jugendlich töricht, die Bestätigung meiner reinen Lebensfreude erwartete, die hat mir viel verdorben. Ich bin bei euch so recht vernünftig geworden, habe gründlich mich unterscheiden gelernt von dem, was mich umgibt, bin nun vereinzelt in der schönen Welt, ausgeworfen aus dem Garten der Natur, wo ich einst wuchs und blühte und vertrockne an der Mittagssonne.« (Friedrich Hölderlin, Hyperion oder Der Eremit in Griechenland, 1. Teil 1797/99).

Unter dem Vorwand modernen Fortschritts und wirtschaftlicher Expansion werden heute Umwelt und Natur unwiederbringlich zerstört und überwiegende Teile der Weltbevölkerung in Armut und wirtschaftlicher Abhängigkeit gehalten. Der Mensch selbst wird als reiner Wirtschaftsfaktor behandelt, dessen Arbeitskraft und Konsumverhalten als entscheidende Merkmale des Menschseins hochstilisiert werden, während alle anderen Aspekte dessen, was Menschen prägt, mehr und mehr geleugnet, übersehen und als wirtschaftlich störend verdrängt werden. Und alles gedeiht in dem Bewußtsein, daß der Mensch über den Naturgesetzen steht, mittels moderner Wissenschaft unabhängig ist und außerhalb der Naturkreisläufe existieren kann.

Diese einseitig ausgerichtete Denkweise verkennt jedoch die wahren Bedürfnisse des Menschen. Zwar verspürt jeder Mensch eine innere Befriedigung, wenn er sein intellektuelles Wissen vermehren kann und dieses Wissen auch noch prompte praktische Anwendung finden mag. Aber es darf nicht unterschätzt werden, daß derselbe Mensch auch seelische Bedürfnisse hat, die von rein intellektuellen oder technischen Errungenschaften in aller Regel nicht befriedigt werden können. Das Gemütsleben, zu dem alle unsere Gefühle, Wünsche, Leidenschaften, wie auch alles, was uns innerlich bewegt, gehören, braucht Nahrung, ebenso wie wir unserem Körper Nahrung zuführen. Wenn das Gemütsleben nicht erhält, was es braucht, dann können die Gefühle verkümmern; der Mensch entwickelt sich nicht nur unvollständig, wie etwa die zunehmenden Probleme im Jugendbereich zeigen, sondern es entstehen auch seelische Gleichgewichtsstörungen. Dies kann die Ursache sein für viele der heute so häufigen Fälle von Unruhe, Angst, Verzweiflung und Unfähigkeit, sich dem Leben tatsächlich zu stellen.

Auf dem rein materialistisch orientierten Erziehungsschwerpunkt basierend, ist die heutige moderne Konsumgesellschaft westlicher Prägung gekennzeichnet von wachsender Vereinsamung der einzelnen Gesellschaftsmitglieder, von zunehmender Arbeitsteilung am Arbeitsplatz, verbunden mit der damit einhergehenden Eintönigkeit der Arbeitsabläufe und der Inhaltslosigkeit der Freizeitgestaltung.

Dazu gesellen sich zunehmend wachsende Anforderungen an die Leistungsfähigkeit des einzelnen, sowohl im beruflichen als auch im privaten Alltag, was zum sogenannten Streßsyndrom unserer Gesellschaft geführt hat und die wachsende Instabilität privater Beziehungen nach sich zieht.

Alles zusammen führt dazu, daß der einzelne Mensch in unserer heutigen Wohlstandsgesellschaft das Gefühl von Einsamkeit, Inhaltslosigkeit des Lebens und zunehmender Existenzangst hat. Und das, obwohl es ihm von den rein äußeren Bedingungen wie Gesundheit, Ernährung und Sicherheit so gut geht wie nie zuvor; er sich eigentlich wie im Schlaraffenland fühlen müßte.

Die Aufgabe des Menschen in der Wohlstandsgesellschaft von heute besteht deshalb vorrangig darin, seine inneren Gefühle mit den äußeren Bedingungen, unter denen er lebt, in Einklang zu bringen, eine Lebenssituation herbeizuführen, in der neben einer rein materiellen Befriedigung auch die emotionale Erfüllung menschlicher Bedürfnisse wieder möglich wird und dabei Störfaktoren, die diesem inneren Entwicklungsprozeß entgegenstehen, auszuschalten.

Dieser Entwicklungsprozeß ist meines Erachtens der Weg, der zu innerer Zufriedenheit und wahrer Ruhe, zu Glück, Ausgeglichenheit und zu einem wahrhaft erfüllten Leben führen kann. Es ist aber auch der Weg, der jeden Menschen zu seinen wahren Wünschen, Vorstellungen und Idealen führt, zu dem, was Leben für jeden tatsächlich bedeutet.

Es stellt sich die Frage, wie dies auf einfache Weise erreicht werden kann. Dazu wird im ersten Teil eine kurze Beschreibung der wesentlichen Lebenssituation in der heutigen Zeit gegeben, die Sie Ihrer wahren Entfaltungsmöglichkeiten zu berauben vermag, wenn Sie sich den Einschränkungen der westlichen Industriegesellschaft zu unterwerfen bereit sind.

Im zweiten Teil werden konkrete Ansätze zur Verbesserung der momentanen Lebenssituation aufgezeigt, um eine Optimierung Ihrer Einstellung zu sich selbst und Ihrem Leben zu erreichen. *Da ich Sie mit vielen Sätzen persönlich anspreche, möchte ich mir erlauben, das Du zu benutzen.*

Dein Ziel könnte sein:

- Neue Wege zu beschreiten, die Dein Leben positiver gestalten.
- Jeden einzelnen Abschnitt Deines Lebens bewußt zu genießen.
- Dich selbst zu finden, Dich selbst zu erkennen, so wie Du bist.
- Dich genauso anzunehmen, wie Du bist und dadurch Deinen persönlichen Lebensstil zu entwickeln.
- Dich zu leben, so wie Du bist und so wie Du Dein Leben kreiert hast, auch zu sein.

# Teil I

## – Was hindert uns am Glücklichsein? –

Mit den nachfolgend beschriebenen Problembereichen unseres Lebens wird jeder, der im westlichen Kulturkreis lebt, zunehmend konfrontiert werden. Jeder für sich muß sie überwinden, lösen und auflösen, um wirkliche Zufriedenheit, Glück und eine positive Einstellung zum Leben erlangen zu können.

# 1. Das Problem der Vereinsamung des einzelnen in der modernen Gesellschaft

Die Gesellschaftsstruktur der westlichen Industriestaaten wird heute gern als Leistungsgesellschaft bezeichnet. Das umschreibt bereits all das, was heute zählt. Leistung in jedem Bereich ist alles. Leistung im Beruf, Leistung in der Freizeit, Leistung und Erfolg im privaten Bereich, das allein hat Bedeutung und wird von der Gesellschaft anerkannt. Das Reihenhaus im Grünen zählt dabei oft mehr als die Pflege und Sorge um Kranke, Verwandte und Freunde. Das prestigeträchtige Auto findet nicht selten weit mehr Anerkennung als die Mithilfe in karitativen Vereinigungen oder die Sorge um seine Mitmenschen. Markenkleidung namhafter Modedesigner und teure Reisen gehören zum guten Ton, ebenso das Speisen in noblen Restaurants oder der Besuch extravaganter Kunstveranstaltungen. Für die Unterstützung von Familie, Freunden und Verwandten bleibt dabei kaum noch Zeit, denn der Vorrang gebührt dem Geldverdienen. Schließlich ist das von allen angestrebte Luxusleben so unerschwinglich teuer wie eh und je, und immer mehr Menschen verschulden sich, um gesellschaftlich noch mithalten zu können, um den von anderen vorgegebenen Lebensstandard überhaupt halten zu können. Dadurch wird Zeit benötigt, die entstandenen Schulden abzutragen; für die Pflege zwischenmenschlicher Beziehungen bleibt immer weniger Raum.

Und selbst die Menschen, mit denen man sich umgibt, sind nicht selten nur Kulisse und Publikum, um den eigenen Wohlstand zur Schau stellen zu können und zu zeigen, wer man ist.

In einer solchen Gesellschaftsstruktur ist nur noch wenig Raum für Gefühle und innere Werte, die unsere christlich abendländische Kultur beinahe 2000 Jahre lang geprägt haben. Werte wie Nächstenliebe, Hilfsbereitschaft, Treue, Fürsorge und Liebe haben ihren bedeutenden Stellenwert verloren. Sie müssen der Leistungsfähigkeit weichen. Ein moderner Geschäftsmann braucht Ellenbogen, Durchsetzungsvermögen und einen guten Teil Skrupellosigkeit, um erfolgreich und damit leistungsstark zu sein.

Eigenschaften wie Aufrichtigkeit, Ehrlichkeit, Fürsorge und Nächstenliebe würden ihm in seinem Streben nach Macht und Ansehen nur hinderlich sein.

Beispiele für diese Einstellung finden sich genug: So wurden einem Bekannten von mir, der im Rahmen von Bewerbungsgesprächen darauf hinwies, daß er sich nach dem frühen Tod seiner Eltern um seine noch minderjährigen Geschwister kümmere, haufenweise berufliche Absagen mit der Begründung zuteil, solange dies der Fall sei, könne er sich nicht ausschließlich den Interessen der Firma widmen, die seine volle und ungeteilte Arbeitskraft beanspruche. Erst als er seine familiären Umstände nicht mehr erwähnte, fand er einen Job.

Einem anderen Bekannten wurde erst dann Aufmerksamkeit durch seine Vorgesetzten zuteil, als er nach langen Versuchen des freundlichen und nachsichtigen Umgangs mit seinen Kollegen in das firmenübliche Verhaltensmuster verfiel und die Schwächen seiner Kollegen ausnutzte, eigene Fehler vertuschte oder auf andere Kollegen abwälzte. Jetzt sahen ihn seine Vorgesetzten schlagartig in einem anderen Licht. Er wurde befördert und erhielt eine jährliche Umsatzbeteiligung am Gewinn, dies, obwohl er seine Leistungen nach seiner eigenen Einschätzung nicht gesteigert hatte, allein der Umgang mit seinen Mitmenschen war härter geworden.

Ein Klient von mir ist führender Angestellter einer namhaften deutschen Großbank. Als er seine Tätigkeit begann, sah er einen Schwerpunkt seiner Arbeit in der absolut seriösen Beratung seiner Kunden. Er wollte besonderes Vertrauen zwischen Bank und Kunden insbesondere dadurch schaffen, daß er in jedem Falle die besten Anlagemöglichkeiten und Kreditkonditionen weiterempfahl, um so die Leistungsfähigkeit seines Hauses unter Beweis zu stellen, nach dem Motto: »Optimale Beratung bringt optimale Geschäfte.«

Leider wurde diese Einstellung von seinen Vorgesetzten nicht geteilt. Sie machten ihm sehr schnell klar, daß er nur dann etwas werden könne, wenn er ausschließlich die bankeigenen Sparbriefe und Anlagefonds verkaufe, unabhängig davon, ob diese die bestmögliche Verzinsung für die Kundschaft gewährten oder nicht. Nicht also bestmögliche Beratung der Kunden war gefragt, sondern optimaler Verkauf der hauseigenen Produkte.

Er folgte dieser Forderung seiner Vorgesetzten, wenn auch zunächst etwas widerwillig, entwickelte sich zu einem wahren Verkaufsgenie und bekleidet heute eine der führenden Positionen in der Anlageabteilung seines Bankhauses. »Zwar habe ich früher die Anforderungen an einen Banker anders beurteilt als die Anforderungen an einen Versicherungsvertreter oder einen Großhändler«, sagte er mir einmal im Vertrauen, »aber entscheidend ist hier wie überall der Gewinn, den du erzielst. Wie du ihn erzielst, danach fragt nachher kein Mensch mehr, solange er nur hoch genug ist, um die Kollegen und Vorgesetzten zu beeindrucken.«

So und auf ähnliche Weise hat sich unsere Gesellschaft nach und nach in eine rücksichtslose Ellenbogengesellschaft gewandelt, die den einzelnen egoistisch und damit gleichzeitig einsam werden läßt und die Hilfsbereitschaft allenfalls in verkommerzialisierter Form zuzulassen bereit ist.

Zudem hat der Leistungszwang und Leistungsdrang der berufstätigen Bevölkerungsschicht dazu geführt, daß alte Menschen, Kranke und Kinder von der Gesellschaft ausgeschlossen wurden. Nur wer Leistung erbringen kann, gilt als wertvoll. Alte Menschen können den hohen und einseitigen Leistungsstandard, den die Gesellschaft vorgibt, oft nicht mehr erfüllen; sie werden deshalb in Altersheime abgeschoben oder allein gelassen. Nicht einmal für sinnvolle Tätigkeiten wie etwa zur Kinderbetreuung oder Hausverwahrung werden sie herangezogen, denn auch hierfür gibt es »leistungsfähigeres« Personal kommerzialisierter Unternehmen. Die Alten werden sich selbst überlassen, wer keinen Lebenspartner mehr hat, der bleibt regelmäßig allein.

Für die meisten alten Menschen, mit denen ich gesprochen habe, ist die Einsamkeit das Hauptproblem des Altwerdens. »Meine Kinder arbeiten hart und sind dann abends oder am Wochenende müde und brauchen ihre Zeit für sich. Und meine Enkel interessieren sich mehr für Videos und Musicclips, statt einmal rauszufahren und etwas zu unternehmen. Und für sinnvolle Tätigkeiten werden wir in der Regel auch nicht mehr eingesetzt. Selbst für einfache Dinge werden heute junge Leute bevorzugt, da sie als leistungsfähiger eingeschätzt werden und die Arbeitslosigkeit bei ihnen sehr hoch ist. Und so fühlen wir uns nutzlos und überflüssig.«

Diese oder ähnliche Beschreibungen der Situation alter Menschen gibt es immer häufiger. Das Schlimmste dabei ist wohl das Gefühl, von der Gesellschaft und der Familie nicht mehr gebraucht zu werden, einfach überflüssig geworden zu sein. Denn hieraus kann oft Lebensüberdruß und Resignation entstehen.

Kinder sind noch nicht leistungsfähig; sie werden deshalb – gleich den Alten – von der Gesellschaft ausgegrenzt. Die Eltern haben keine Zeit, denn beide Elternteile müssen Geld verdienen. Die alten Verwandten, als nicht mehr leistungsfähig angesehen, werden zur Betreuung der Kinder nicht mehr eingesetzt, was zu einem großen Verlust an Lebenserfahrung führt, die alte Menschen Kindern und jungen Menschen weitergeben könnten. So werden Kinder sich selbst überlassen oder von älteren Kindern und Babysittern verwahrt. Oder sie werden dem Fernsehen und Video überlassen, um sie ruhig zu stellen, damit die von der leistungsorientierten Arbeit erschöpften Eltern nicht gestört werden.

Ich kenne eine ganze Reihe von Kindern, die, wenn man sie fragt, was sie sich am allermeisten wünschen, ganz spontan antworten, daß Mama und Papa mehr Zeit für sie haben sollten, sich insbesondere länger und öfter mit ihnen unterhalten sollen. Statt dessen erhalten sie aber regelmäßig mehr Taschengeld, mit dem sie sich ein neues Videospiel kaufen können, welches dann als Ersatz für die Zeit dient, die sie nicht mit ihren Eltern verbringen können.

Damit werden die Kinder bereits zur Einsamkeit erzogen. Was früher in der Großfamilie selbstverständlicher Alltag war, daß jeder sich um jeden kümmerte, ihn generationsübergreifend unterstützte und versorgte, wenn er dies nötig hatte, ist heute ersatzlos gestrichen. Jeder kümmert sich nur noch um sich selbst und allenfalls um einige wenige aus seiner Generation.

Aber auch die Leistungsträger unserer Gesellschaft sind nicht wesentlich besser gestellt, was die Problematik des Alleingelassenseins betrifft.

Moderne Firmen fordern den flexiblen Angestellten. Wer erfolgreich sein will, muß bereit sein, häufig sein Umfeld am Arbeitsplatz zu wechseln. Das bedeutet das Zerstören bestehender Arbeitsgemeinschaften innerhalb der Firma, wenn etwa die Abteilung häufig gewechselt werden muß. Bei überregionalen Versetzungen mit Umzug und Ortswechsel wirkt sich dann die arbeitsbedingte Flexibilität auch auf das Privatleben aus. Das Fußfassen in einer fremden Stadt bei langen Einarbeitungszeiten und wenig Freizeit während der Arbeitswoche ist nicht ganz einfach. Und so nimmt die Vereinsamung der arbeitenden Bevölkerung immer mehr zu.

Ein Bekannter von mir, der aus beruflichen Gründen nach Berlin wechseln mußte, beklagte sich kürzlich über sein Privatleben: »Ich war doch eigentlich nie jemand, der schwer Kontakte schließen konnte, aber jetzt bin ich schon fast zwei Jahre hier und eine richtige Freundschaft habe ich immer noch nicht aufbauen können. Natürlich gibt es meinen wöchentlichen Stammtisch und Sportaktivitäten mit meinen Arbeitskollegen, aber das bleibt alles an der Oberfläche; durch die vielen unvorhergesehenen Überstunden kann man sich außerdem nicht einmal längerfristig verabreden, denn meistens kommt dann doch wieder etwas dazwischen. Wenn ich hier nicht meinen interessanten Job hätte, der mich ausfüllt, ginge es mir total schlecht.«

So oder ähnlich reden viele alleinstehende Menschen, die aus beruflichen Gründen in eine fremde Stadt umziehen müssen.

In einer Stadt wie Frankfurt am Main ist bereits jeder zweite Haushalt ein Single-Haushalt und nur noch jeder vierte Haushalt ein Drei- oder Mehrpersonen-Haushalt. Das bedeutet, daß fast 75 Prozent der Bewohner einer modernen Großstadt in keiner intakten Kleinfamilie leben. Gleichzeitig gibt es eine Reihe renommierter Großfirmen, die bereits im Zwei-Jahres-Turnus routinemäßig Um- und Versetzungsaktionen innerhalb ihres Personals vornehmen, um Verkrustungen innerhalb der Personalstruktur vorzubeugen. Es ist nur zu deutlich, wie unter diesen Bedingungen verhindert wird, Kontakte und Freundschaften in ausreichendem Maße aufzubauen und zu festigen, um auch in eventuellen Notsituationen Halt und Unterstützung einer nahestehenden Person erhalten zu können oder sich einfach in einem Bekanntenkreis geborgen zu fühlen.

Und selbst wenn ein stabiler Bekanntenkreis aufgebaut wurde, dann lassen doch die Kontakte bei näherem Hinsehen oft durchaus zu wünschen übrig. Wie eng sind denn Kegelfreundschaften wirklich? Wie lange hält denn eine Freundschaft unter Sportbrüdern, wenn man selbst längere Zeit gehindert ist, die gemeinsame Sportart aktiv auszuüben? Und wie ehrlich sind denn die Freundschaften, die letztlich auf beruflichen Verflechtungen oder Wohlstandsvergnügungen aufgebaut sind – ausgiebig Essen zu gehen, Theater- und Kunstveranstaltungen zu besuchen oder kostspielige Urlaube gemeinsam zu planen – sind diese Freundschaften nicht oft unterschwellig auf Rivalität und Geltungsdrang, auf Selbstdarstellung und Erfolgszwang aufgebaut, nach der Devise: Jetzt zeige ich den anderen mal, was ich kann und wer ich bin?

Jeder hat schon einmal dieses schale Gefühl erlebt, nach einem gelungenen Abend mit Freunden nach Hause zu kommen und sich doch innerlich leer und elend zu fühlen. Es ist die eigene innere Stimme, die uns in dieser Situation sagt, daß hinter der geselligen Fassade doch nur Leere und Einsamkeit herrschen. Und genau diese Stimme wird dann um so erschütternder bestätigt, wenn ein erfolgreicher Leistungsträger unserer Gesellschaft plötzlich seine Leistungsfähigkeit verliert. Krankheit, finanzielle Einbußen oder Schicksalsschläge signalisieren dann schnell den anderen Gesellschaftsmitgliedern und Freunden: Dieser Mensch ist nun anders als wir, wir müssen uns von ihm abgrenzen, uns distanzieren. Und wie bereits den Alten und Kindern ergeht es dann unserem bisher so erfolgreichen Leistungsträger. Er gehört ab jetzt einer Randgruppe an, wird ausgegrenzt und sich selbst überlassen. Er fühlt sich allein und im Stich gelassen, zu einer Zeit, in der er Freunde am nötigsten gebraucht hätte. Auch das hat jeder von uns miterlebt. Von allen Freunden und Bekannten bleiben in der Not nur eine Handvoll übrig, wenn überhaupt.

Ein gutes Beispiel dafür, wie schnell alle diese aufgeführten Faktoren auf einmal zusammentreffen, ist das Verhalten von Mitmenschen gegenüber der Erkrankung AIDS. Schon lange nicht mehr auf Randgruppen der Gesellschaft beschränkt, trifft diese Krankheit immer mehr auch wirtschaftlich und gesellschaftlich erfolgreiche und anerkannte Personen, und das meist in der Blüte ihrer Jahre. Bei einem Freund von mir kam diese Krankheit vor einigen Jahren zum Ausbruch. Während er die Mitteilung über seine

Krankheit noch einigermaßen mit Fassung trug, reagierten seine Freunde und Bekannten fast hysterisch. Von einem Tag auf den anderen meldeten sich die meisten seiner Freunde nicht mehr bei ihm. Wenn er anrief, ließen sie sich verleugnen oder versprachen, irgendwann mal wieder vorbeizuschauen, hielten ihr Versprechen in der Regel aber nicht. Und selbst die engsten Verwandten konnten mit seiner Erkrankung nicht umgehen; sie zogen sich zurück und überließen ihn seinem Schicksal. Im Beruf ging es ihm nicht anders. Er bekleidete zu dieser Zeit eine gute Position im mittleren Management und war körperlich noch fit genug, seinen Job einigermaßen ordentlich zu erledigen, doch keiner seiner Kollegen war noch bereit, mit ihm zusammenzuarbeiten oder auch nur in der Kantine mit ihm gemeinsam am Mittagstisch zu sitzen. Schließlich starb er in dem Gefühl, von den meisten Menschen, die er im Leben wirklich geliebt hatte, in seinen schwersten Stunden alleingelassen worden zu sein.

Aber auch bei weniger schwerwiegenden und mit Berührungsängsten verbundenen Krankheiten schreitet die Isolierung der Betroffenen immer weiter fort. Wer heute erblindet, an den Rollstuhl gefesselt ist oder wegen Depressionen auf die Hilfe und Unterstützung anderer angewiesen ist, muß sich in der Regel mit der Versorgung durch kommerzielle Organisationen begnügen. Die seelische und praktische Unterstützung durch Freunde und Verwandte nimmt zunehmend ab oder beschränkt sich auf sogenannte Alibi-Handlungen, nach dem Motto: »Na, da müssen wir doch mal wieder kurz vorbeischauen, dem geht es ja mal wieder schlecht.«

In einer Gesellschaft, in der die Attribute von ewiger Jugend, Gesundheit, Schönheit und Leistungsfähigkeit ein wesentlicher Maßstab für die Beurteilung eines Menschen geworden sind, fällt die Konfrontation mit Krankheit, Alter und Tod den meisten Menschen immer schwerer. Es sind Bereiche, die selbst von grundsätzlich hilfsbereiten, liebevollen und empfindungsfähigen Menschen mehr und mehr gemieden werden, ja deren Existenz fast schon von der ewigen Jugend der Fotomodelle in der Werbung verdrängt zu werden scheint. Und so können Menschen heute einander in Notsituationen immer weniger beistehen.

Aber weshalb ist das so? Liegt es nicht auch bereits in der Intention, mit der ich eine Freundschaft schließe, verankert? Gehe ich lediglich gefühlsarme Bekanntschaften ein, in die ich selbst kaum Emotionen investieren muß, so ist es doch kaum verwunderlich, wenn auch nur Gefühlskälte zurückgegeben wird.

Wie bereits geschildert, haben Gefühle in unserer Gesellschaft ihren Stellenwert verloren. Und so bleibt am Ende nur das oberflächliche Sehen und Gesehenwerden, solange man finanziell und gesundheitlich mithalten kann. Geht es einem mal schlecht, dann schauen die anderen weg.

Der Aufbau von emotional offenen, aufrichtigen zwischenmenschlichen Beziehungen ist meines Erachtens deshalb ein ganz wesentlicher Schritt zu einem glücklichen und erfüllten Leben. Denn die Fähigkeit, sich selbst zu erkennen und die Bereitschaft sich zu akzeptieren wie man ist und dies auszuleben, ist regelmäßig nur in der Interaktion mit Mitmenschen möglich. Sie wird zudem noch erleichtert, wenn diese Mitmenschen in einer aufrichtigen Beziehung zu einem selbst stehen.

## 2. Probleme für den einzelnen, die aus der zunehmenden Arbeitsteilung am Arbeitsplatz erwachsen

Ein Schwerpunkt für die Inhaltslosigkeit moderner Lebensgestaltung wird bereits am Arbeitsplatz gelegt.

Die moderne Arbeitsorganisation läßt nur noch wenig Raum für die persönliche Entfaltung des Arbeitenden. Sie gibt keine Möglichkeit mehr, sich das Arbeitsergebnis als persönlichen Erfolg, als selbst Geschaffenes zuzurechnen und somit dem Arbeitenden eine gewisse Freude, Stolz oder Verantwortlichkeit für seine Tätigkeit und das daraus resultierende Ergebnis zu erhalten.

Früher, noch zu Beginn der Industrialisierung, stellte ein Arbeiter ein Werk selbst her. Ein Weber webte *einen* Teppich, ein Tischler fertigte *einen* Tisch und ein Bankangestellter wickelte *ein* Geschäft mit einem Kunden vollständig ab, bis das wirtschaftliche Ergebnis feststand. Und bei komplexeren Tätigkeiten wirkte ein Team zusammen, bis das Werk abgeschlossen war. Ein Arbeitsteam baute ein Auto, eine Arbeitskolonne errichtete ein Haus oder eine Brücke. Diese Menschen waren stolz auf ihre Werke; es war etwas geschaffen worden, was sie sich persönlich zurechnen konnten. Es war »ihre Brücke«, »ihr Haus«, »ihr Auto«, oder »ihr Geschäft«, das sie abgewickelt hatten. Ein erfolgreiches Ergebnis führte zu persönlicher Befriedigung, selbst wenn die Arbeit, bis das Ergebnis erreicht war, nicht selten entbehrungsreich und schwer war. Das alles konnte man vergessen, wenn das Ergebnis gut war. So konnte bereits die

Arbeit selbst zu einem Stück positiver Lebensqualität der Menschen, zu einem kleinen Stück Glück im Alltag führen.

Heute bietet die arbeitsteilige Leistungsorganisation im modernen Industriebetrieb oder Dienstleistungsgewerbe diese Möglichkeiten immer seltener. Jeder Arbeitnehmer wird hier in der Regel für ein ganz spezielles Teilgebiet eingesetzt. Das hat den unbestrittenen wirtschaftlichen Vorteil, daß er für diesen Spezialeinsatz ganz besonders ausgebildet und eingewiesen werden kann und damit die Fehlerquote seiner Arbeit auf ein Minimum reduziert wird.

Für den Arbeitnehmer persönlich hat es aber den schwerwiegenden Nachteil, daß seine Tätigkeit eintönig, langweilig und uninteressant wird. Sein Tätigkeitsgebiet hat er in der Regel schnell im Griff, Kreativität, Mitdenken oder Vereinfachungsvorschläge im Arbeitsablauf sind immer weniger gefragt; allein das funktionstüchtige Erfüllen der ihm zugewiesenen Aufgabe zählt. Und vor allem wird kein Arbeitsergebnis mehr sichtbar, das man sich als persönlichen Erfolg zurechnen könnte. Der Bauarbeiter von heute baut kein Haus mehr; er ist spezialisiert darauf, Deckenträger zu fertigen oder Fensterstürze einzubauen. Ein moderner Brückenbauer errichtet lediglich den Brückenpfeiler oder verlegt den Fahrbahnasphalt, eine Brücke baut er nicht mehr. Ein moderner Arbeiter in der Autoindustrie montiert vielleicht den ganzen Tag am Fließband Lenkräder oder rechte Kotflügel oder er verschraubt täglich 40 Hinterachsen. Und auch der Banker von heute betreut kein ganzes Kundengeschäft mehr, er bearbeitet etwa nur noch Autokreditverträge oder Familiengründungsdarlehen oder er wickelt alle Auslandsschecks seiner Filiale ab. Und selbst ein moderner Anwalt pflegt nicht mehr das Recht in seiner Vielfalt, sondern er »spezialisiert« sich auf Autounfälle oder auf Ehescheidungen und bearbeitet schließlich auch diese Fälle oft nur noch wie am Fließband.

Die Eintönigkeit arbeitsteiliger Tätigkeit führt nicht mehr zu Zufriedenheit und Befriedigung durch die Berufsausübung, sondern zu Frust, Langeweile und Gleichgültigkeit. Der Arbeitnehmer kommt sich mehr und mehr wie ein auswechselbares Rad im Getriebe vor. »Ob ich die Lenkräder oder Kotflügel montiere oder jemand anderes, was macht das schon für einen Unterschied?« Ohne die Möglichkeit, sich das Endprodukt seiner Arbeit als Erfolg zurechnen zu können, verliert er sein Selbstwertgefühl. Der Wert seiner Arbeit ist für ihn nicht mehr meßbar. Die innere Unsicherheit darüber, wieviel er seinem Arbeitgeber als Mitarbeiter überhaupt wert ist, wächst. Die Grundlage für Existenzangst trotz sozial gesicherter Arbeitsplätze ist damit gelegt.

»Jede Zeit, so auch die unsere hat den Hochmut, zu glauben, sie wäre bereits am Gipfel aller Entwicklung, auch der technischen, angelangt und bisher hat sich noch jede geirrt.« (M.Wendel/U.York, Maskenball der Seele, S.146)

Wie sich Dein Leben zum Positiven wenden kann, wenn Du von dieser Technologiegläubigkeit Abstand nimmst und beginnst, wieder an Deine eigenen Fähigkeiten zu glauben, vermag das nachfolgende Beispiel zu zeigen: Ein guter Freund von mir ist Schreiner. Er war lange Jahre in einer Fabrik tätig, die Türelemente für Baumärkte herstellte. Seine Aufgabe bestand darin, die vorgefertigten Furnierblätter zum Verkleben auf das Produktionsband zu legen; die Weiterverarbeitung erfolgte dann automatisch. Den ganzen Tag war er damit beschäftigt, die ihm angereichten Furnierblätter möglichst gerade auf das Produktionsband zu legen, tagaus, tagein. Dabei hatte er den Beruf des Schreiners vor allem deshalb erlernt, weil es ihm eine große Freude bereitete, mit Holz zu arbeiten, es auszuhöhlen, zu biegen und daraus wahre Kunstwerke entstehen zu lassen. Nichts von der Kreativität, die er noch während seiner Lehre in einem kleinen holzverarbeitenden Betrieb erlebt hatte, war jetzt in seinem Beruf wiederzufinden.

Er kam sich überflüssig und völlig fehl am Platz vor. Sein Widerwillen gegen diese Art von Tätigkeit wuchs von Jahr zu Jahr. Gleichzeitig fühlte er sich wertlos, was seine Arbeitsleistung anbelangte, weil die von ihm abverlangte Aufgabe nicht annähernd seinen tatsächlichen Fähigkeiten entsprach und eigentlich von jedem anderen Angelernten hätte auch ausgeführt werden können. Daran konnte auch die an sich akzeptable Bezahlung und die wiederholte Anerkennung seiner Vorgesetzten für seine gewissenhafte und pflichtbewußte Arbeitsweise nichts ändern. Er kam sich bei diesem Job einfach überflüssig vor. Schließlich wagte er den Sprung in die Selbständigkeit. Er kündigte, eröffnete einen kleinen Schreinereibetrieb, in dem er sich auf Maß angefertigte Einbauschränke und Einbauregale spezialisierte. Heute ist er wirtschaftlich erfolgreich und mit seinem Beruf zufrieden. Denn kein Auftrag gleicht dem anderen, und er kann seine handwerklichen Fähigkeiten voll zur Entfaltung bringen.

Natürlich gibt es auch hin und wieder Probleme mit den Sonderwünschen seiner Kundschaft, aber das empfindet er als Herausforderung. »Jedenfalls ist das immer noch zehnmal besser, als tagaus, tagein die monotone Tätigkeit in der Fabrik zu machen«, hat er mir einmal gesagt. »Und die Kreativität, die ich jetzt in meinem Job brauche, um meine Kunden zufriedenzustellen, hilft mir auch privat, Probleme effektiver anzugehen und zufriedener und glücklicher zu leben.« Sein ganzes Leben hat sich dank seiner Entscheidung, den alten Job zu wechseln, zum Positiven gewandelt.

Das Auffinden einer Tätigkeit, deren Inhalt und Ergebnis Du Dir als Teil Deines Lebens, als Deine Dir angemessene Lebensaufgabe zurechnen kannst, ist deshalb ein weiterer wichtiger Schritt zur Verbesserung Deiner Lebensqualität.

## 3. Das Problem der Inhaltslosigkeit moderner Freizeitgestaltung

Die Entwicklung der Moderne ist gekennzeichnet von immer kürzeren Arbeitszeiten in vielen Bereichen der Wirtschaft und dementsprechend von wachsender Freizeit eines nicht unerheblichen Teils der berufstätigen Bevölkerung mit der Erfordernis, diese möglichst sinnvoll ausgestalten zu können. An sich ist Freizeit ein Geschenk, denn sie bietet dem Menschen Freiraum, sich außerhalb der teilweise monotonen und streßbehafteten Arbeitswelt selbst zu gestalten und sich zu verwirklichen.

Seinen eigenen Lebensrhythmus zu finden und seinen Interessen, Neigungen und Wünschen auf eigene Weise nachzugehen, das ist eigentlich der Idealzustand des Menschseins, den jeder von Natur aus anzustreben bereit sein müßte.

Um so verwunderlicher scheint es, daß der überwiegende Teil der Menschen mit viel Freizeit diese nicht aktiv zu nutzen bereit ist, sondern sich passiv von Medien und professionellen Unterhaltern berieseln läßt. So ist die heutige Freizeitgesellschaft geprägt von der Konsumhaltung gegenüber inhaltslosem Zeitvertreib. Man musiziert nicht mehr selbst, sondern man läßt sich durch Musik sogar beim Zahnarzt berieseln. Man spielt nicht mehr selbst, sondern man sieht sich eine Game-Show im Fernsehen an. Man malt nicht mehr selbst, sondern man rennt von einer organisierten Kunstausstellung zur anderen, meist veranstaltet in wahren Kunstkathedralen, die den mittelalterlichen Kirchen von einst den Rang abzulaufen beginnen. Urlaube werden in Ferienclubs mit organisierter Spiel- und Freizeitgestaltung gemacht, und selbst im Sport hat das Sportschauen live oder nonstop im Fernsehen das Sportausüben längst überholt.

Viele, gerade jüngere Bekannte sagen mir, wenn ich Vorschläge mache, wie etwa ins Kino zu gehen oder ein Konzert zu besuchen: »Das ist doch so umständlich und so voll, da muß ich Schlange stehen und warten, und wenn man dann hinten sitzt, sieht man sowieso nichts. Ich besorge lieber ein Video davon, und wir schauen uns das Ganze zu Hause im Fernsehen an.« Und Vorschläge, etwas aktiv zu gestalten, etwa einen Urlaub selbst zu planen, statt in einen Freizeitclub zu fahren, oder ein Sportturnier zu organisieren und dann auch aktiv daran teilzunehmen, wird mit Argumenten abgetan: »Das ist zu aufwendig und umständlich, da macht dann sowieso niemand mit und das kostet nur unnützes Geld. Im übrigen bin ich sportlich schon lange aus der Übung, da kann ich mich doch nur blamieren.« Und so bleibt man dann lieber zu Hause, schaut fern oder grillt auf der Terrasse und erzählt dabei über die Aktivitäten, die andere gemacht haben, weil es über eigene Unternehmungen nicht viel zu berichten gibt.

Passiver Freizeitkonsum – auf diesen Nenner läßt sich dieses oben geschilderte Freizeitverhalten bringen. Dabei haben sich Menschen zu allen Zeiten mehr freie Zeit gewünscht, um neben ihren täglichen Pflichten in Beruf, Familie und Gesellschaft ihren eigenen, ganz persönlichen Interessen und Neigungen nachzugehen, um sich selbst zu entfalten. Statt diese gebotene Chance heute wahrzunehmen wird konsumiert statt entfaltet, werden die Ideen und Wünsche anderer verwirklicht, nicht aber eigene Ideen und

Wünsche gelebt, mitgeteilt und anderen zugänglich gemacht. Leben aber bedeutet, aktiv zu sein, machen, sich bewegen, aufgeschlossen sein für neue Dinge und Vorstellungen, auch für Dinge in sich selbst, die vielleicht jetzt noch im Verborgenen liegen.

Wer nur Filmträume in Fernsehen und Video konsumiert, der lebt kein eigenes Leben, er ersetzt seine innere Leere mit den Träumen anderer, die diese nur zu kommerziellen Zwecken konstruiert haben, nicht einmal dafür, um dem Betrachter etwas mehr Glück oder Zufriedenheit zu vermitteln. Wer nur zu Hause sitzt, der verschließt sich vor dem Leben, vor den Gefahren, aber auch vor den Freuden und der Schönheit, die Leben ausmachen. Und wer zwar Aktivität vorgibt aber die Aktivität anderer lebt, etwa das Aufgabenpensum, das ihm ein Sport-, Theater- oder Kunstverein vorgestaltet und vorgibt, auch der lebt keineswegs sein eigenes Leben, er entfaltet sich nicht selbst, sondern er lebt wiederum fremde Ideen und fremde Wünsche.

So ist auch die Freizeit der modernen Wohlstandsgesellschaft kein Weg zu Glück und Zufriedenheit, sondern eher eine Möglichkeit, die eigene innere Leere und fehlende Initiative zu überdecken und die Zeit, mit der man sonst nichts anzufangen weiß, totzuschlagen.

Einen positiven Ausgleich für die zunehmende Hektik und die Belastungen des Alltags im Beruf und privatem Bereich zu schaffen, dazu ist der passive Freizeitkonsum nicht in der Lage. Vielmehr vergrößert er bestehende Frustrationen. Dem Konsumenten bleibt das Gefühl, nicht wirklich gelebt zu haben, sondern seine Zeit eher verwahrt als sie aktiv genutzt und gestaltet zu haben, eben wieder einmal nur in Warteposition auf den Beginn des eigentlichen Lebens irgendwann in der Zukunft.

Die Chancen, die Freizeit jedem einzelnen von uns bietet, werden damit vertan. Ein wichtiger Lebensbereich, der zu Selbstverwirklichung, Glück und Zufriedenheit führen könnte, wird nicht wirklich wahrgenommen, nicht wirklich als Entwicklungsbereich für sich selbst angenommen.

Nur in der eigenen Hinwendung zu einer aktiven Lebensgestaltung können Selbstverwirklichung, Lebensglück und innere Zufriedenheit tatsächlich erreicht werden. Die aktive kreative Gestaltung der Freizeit ist ein weiterer wesentlicher Schritt auf diesem Wege. Zu lernen, daß Aktivität Lebendigkeit bedeutet, und diese Erkenntnis nach und nach auf alle Lebensbereiche auszudehnen, und sie letztlich so umzugestalten, daß sie Dir selbst entsprechen, das ist die Aufgabe. Und der Beginn kann am einfachsten im Freizeitbereich gemacht werden, da das in der Regel der Bereich Deines Lebens ist, in dem Du am wenigsten eingeengt und reglementiert bist.

## 4. Wachsende Anforderungen der Gesellschaft an die Leistungsfähigkeit des einzelnen im beruflichen und privaten Bereich

Schlagwort der modernen Gesellschaft westlicher Prägung ist die Bezeichnung »Leistungsgesellschaft«. Das Wort beinhaltet gleichzeitig alle Merkmale und Wertvorstellungen, die ein moderner Mensch erfüllen muß, um ein einigermaßen akzeptables Glied unserer Gesellschaft zu werden. Mitglied in der Leistungsgesellschaft zu sein, sozusagen Leistungsträger zu werden, bedeutet das Zurückstellen eigener Bedürfnisse, eigener Wünsche und Entfaltungsmöglichkeiten zugunsten der eigenen Leistungsfähigkeit. Alle Kräfte des einzelnen werden auf eine Fähigkeit, ein Spezialgebiet konzentriert, und diese Fähigkeit wird dann in den Dienst der Gesellschaft gestellt. Dies geschieht keineswegs selbstlos, sondern einzig mit dem Ziel, größtmöglichen Profit zu machen, eine steile Karriere zu durchlaufen oder eine wichtige Stellung in Politik und Gesellschaft zu erreichen.

Geprägt ist diese Einstellung sehr oft von dem Wunsch, möglichst Geld im Überfluß zu verdienen, um viel ansparen zu können für spätere Zeiten, in denen man plant, sein eigentliches Leben zu führen, seine eigentlichen persönlichen Wünsche und Träume zu erfüllen. Später deshalb, weil man jetzt und heute eben als Leistungsträger keine Zeit für sich selbst hat, sondern sich ganz auf Leistung und Erfolg konzentrieren muß. Diese Grundeinstellung führt zu einem Leben im Wartezustand. Man wartet auf die Zeit, in der man

– endlich mit ausreichend finanziellem Erfolg gesegnet – beginnen kann zu leben. Das Leben spielt sich nicht im Hier und Jetzt ab, sondern in Zukunftsperspektiven und Zukunftsträumen. Das Hier und Jetzt wird nicht genossen, ausgelebt und als eigentlichen Lebensabschnitt, ja als das eigentliche Leben selbst, gewürdigt, sondern man sieht es nur als notwendiges Übel an, als Durchgang zu einem Ziel, welches nicht selten nie erreicht werden kann.

Ein Klient von mir ist heute 60 Jahre alt. Er kam zu mir, weil sich seine Frau von ihm scheiden lassen wollte. Dabei erzählte er mir, wie sein bisheriges Leben verlaufen ist.

»Arbeit, nichts als Arbeit. Immer habe ich hart und schwer gearbeitet, um meiner Familie nur das Beste bieten zu können, das schönste Haus in bester Wohnlage, das beste Essen, eine optimale Ausbildung für meine Kinder. Und wir haben es wirklich zu etwas gebracht. Heute sind wir wirtschaftlich jenseits von Gut und Böse. Nächstes Jahr wollte ich mich zur Ruhe setzen, dann wollten wir unser Alter in unserem Haus in der Provence verleben. Und jetzt, jetzt will sich meine Frau scheiden lassen, was soll ich denn dort alleine anfangen? Dabei habe ich doch das ganze Leben darauf hingearbeitet, endlich wirtschaftlich unabhängig zu sein und dann Zeit für meine Frau und meine Familie zu haben. Und jetzt?«

Als Grund für die Scheidung gab seine Frau an, daß ihr Mann niemals Zeit für sie gehabt habe und nie da war, wenn sie dringend jemanden an ihrer Seite gebraucht hätte. Mein Klient hat übrigens bis heute kein Verständnis für die Betrachtungsweise seiner Frau; für ihn war ja immer alles nur vorübergehend, auch, daß die Firma Vorrang vor der Familie hatte, sollte eben nur so lange gelten, bis man wirtschaftlich aus dem Gröbsten raus war. Und schließlich wollte er für alle doch nur das Beste.

Und gerade diese Lebenseinstellung macht sich die Leistungsgesellschaft zunutze. Da ihre Mitglieder auf das Heute, das Hier und Jetzt ohnehin keinen gesteigerten Wert legen und damit bereit sind, ihre heutige Lebensqualität zugunsten eines erhofften Lebensglücks in zukünftigem Wohlstand zu opfern, werden die Anforderungen an den einzelnen immer höher und höher geschraubt. Immer schwierigere Arbeiten müssen in immer kürzeren Zeitabständen erledigt werden. Arbeitspausen werden abgebaut und die Erwartung an die Arbeitnehmer, am Wochenende und abends zur Verfügung zu stehen sowie Überstunden in immer größerer Zahl zu machen, nimmt ständig zu.

Das gleiche gilt im Hinblick auf die Absicht, die Maschinenlaufzeiten in der Industrie noch weiter zu optimieren, und die hieraus resultierende Notwendigkeit zur weiteren Flexibilisierung der Arbeitszeiten. Belange der Menschen, wie etwa der Wunsch, an bestimmten Tagen mit der Familie und nahen Freunden zusammensein zu können, werden dabei zugunsten optimaler Leistungs- und Funktionsfähigkeit ignoriert.

Aber auch die Anforderungen an die Arbeitsqualität nehmen immer mehr zu. Monoton gewordene Arbeitsabläufe werden durch Arbeitsteilung und Spezialisierung immer mehr komprimiert und rationalisiert. Die Arbeit ist von immer weniger Mitarbeitern in immer kürzerer Zeit zu erledigen. Die Fehlerquote ist dabei immer mehr zu reduzieren und die Gelegenheit, durch Erholung neue Kraft für die immer höher gestiegenen Anforderungen zu schöpfen, nimmt auch im privaten Bereich ab.

Das Leistungsprinzip ist ein Grundprinzip unserer Gesellschaft geworden. Es gilt damit nicht mehr allein im beruflichen oder öffentlichen Bereich, sondern es überzieht jeden Teil menschlichen Lebens, auch den privaten, familiären und Freizeitbereich. Leistungsdruck im Sportverein, nicht als Ausdruck fairen sportlichen Wettbewerbs, sondern als Gewinnen um jeden Preis, Geltungsdruck im Familien- und Freundeskreis, als Zwang immer und überall besser und überlegen zu sein und keinen Konkurrenten neben sich zu dulden, ja Leistungsdruck selbst im Urlaub, etwa um zeigen zu können, wie interessiert man an fremden Kulturen ist und daß man sich aufwendige Fernreisen überhaupt leisten kann. Dies alles führt zu einer Lebenseinstellung, die in allem und jedem nur den Wettbewerb und den Konkurrenten sieht, die einen nirgends mehr zur Ruhe kommen läßt. Die Menschen haben schließlich das Gefühl, überall gejagt, unter Druck gesetzt zu werden und alles Erreichte zu verlieren, wenn sie nur ein einziges Mal nicht ganz oben sind, sondern nur einmal Schwäche zeigen, nur einmal sich selbst loslassen und entspannen.

Eine Kollegin sagte mir einmal: »Ich kann mir keine Schwäche leisten; ich bin in meinem Job die einzige Frau auf Führungsebene, und wenn ich einmal krank bin oder bei Verhandlungen zu nachgiebig erscheine, bin ich doch abserviert. Lieber gehe ich jeden Abend um 9. 00 Uhr ins Bett und nehme tagsüber etwas zum fitbleiben, als mir ein einziges Mal in meinem Job eine Blöße zu geben. Und im Freizeitbereich kann ich mich nicht anders verhalten. Erstens weil man das Leistungsprinzip nur konsequent durchhalten kann, wenn man es permanent in allen Lebensbereichen auslebt und zweitens, weil ich gerade meine sportlichen Aktivitäten mit Bekannten aus meiner Firma unternehme. Da wäre ich unglaubwürdig, wenn ich in der Firma die Hardlinerin spiele und auf dem Tennisplatz auf einmal zuvorkommend und nachgiebig wäre, wenn es um einen zweifelhaften Punkt geht, oder darum, einen schon vergebenen Satz doch noch für mich zu entscheiden. Da muß ich dann schon konsequent sein.«

Und selbstverständlich geht es nicht nur Frauen in Beruf und Alltag so. Denn auch die Männer sind einem immensen Konkurrenzdruck ausgesetzt, nur sind sie in der Regel nicht so offen, über ihre Probleme bereitwillig zu reden. Aber auch hier gibt es, wie überall, immer einen der besser ist, der jünger und dynamischer ist und darauf lauert, Dir Deine Position streitig zu machen, ganz egal, ob es um die Position in der Firma oder im Sportverein geht.

Und nur so läßt sich erklären, daß trotz wachsender Freizeit die Menschen heute nervös, nervlich angespannt und ruhelos sind, sich trotz Erholungsmöglichkeiten weder Ruhe noch Frieden gönnen. Folgerichtig ist das Wort »Streß« heute zum beliebtesten Modewort in der modernen Leistungsgesellschaft geworden.

# 5. Der Streß – Massenproblem moderner Gesellschaften

Streß bedeutet, unausgeglichen zu sein; unter ständiger Anspannung zu sein, gleichsam »unter Strom« zu stehen, nicht abschalten und sich damit keine Erholungsphasen zubilligen zu können, die die eigenen Kräfte wieder sammeln und Schwung für neue Aktivitäten geben.

In der Medizin wird zwischen positivem und negativem Streß unterschieden, je nachdem, welche innere Einstellung des Gestreßten zu der vorhandenen Nervenanspannung gegeben ist. Dabei ist Streß, dem man mit einer positiven Grundhaltung begegnet, nicht annähernd so gesundheitsschädlich wie eine mit negativen Assoziationen belegte Anspannung.

In beiden Fällen führt aber Streß zu einer inneren Anspannung, die, wenn sie dauerhaft, gleichsam chronisch wird, zu starker Verminderung der Lebensqualität führt und die Freude am Leben vermindert. Denn innere Spannungen erzeugen negative Gefühle; das kann mit Unwohlsein beginnen, zu innerer Unruhe führen, aber auch in Wut und Aggression umschlagen, je nachdem wie stark der Druck des Stresses auf einem lastet. Auch Depressionen, als gegen sich selbst gerichtete Aggression oder Nervenkrankheiten als Folge dauerhaften Stresses sind nicht ausgeschlossen.

Aber auch bei weniger gravierenden Folgen führt Streß doch zur Einschränkung der Lebensqualität. Hektik und Nervosität in einem selbst und in der näheren Umgebung, etwa durch Autolärm oder hektische Arbeitskollegen und Vorgesetzte, entziehen die eigenen Kräftereserven, es läßt uns abgespannt, ausgelaugt und kraftlos erscheinen.

Jeder hat die Erfahrung gemacht, daß nach einem gestreßten Tag auch die Freude auf einen geselligen Abend mit Freunden oder dem Lebenspartner leidet. Man verliert jegliche Initiative, will nichts anderes als ausruhen und liegt lieber auf dem Sofa herum, ohne allerdings so richtig abschalten zu können. Zum Streß des Tages kommt dann der Nachstreß eines mißglückten Feierabends, nicht selten verbunden mit Partnerstreß, dann, wenn der Partner kein Verständnis für die eigene Abgespanntheit und Lustlosigkeit aufbringen kann.

Eine Klientin, die wegen Mobbing am Arbeitsplatz zu mir kam, schildert hierzu folgende Geschichte: »Meine Tätigkeit selbst war gar nicht so nervenaufreibend. Gut, manchmal, bei zahlreichen Besprechungen mit Terminüberschneidungen wurde es schon einmal hektisch, aber das hielt sich durchaus in Grenzen, und es brachte mich so gut wie nie aus dem Konzept. Aber das ständige Angemachtwerden von den Kollegen, das raubte mir meine letzten Energien. Zuerst war ich immer nur müde und abgespannt, wenn ich nach Hause kam, später dann wurde ich mehr und mehr gereizt und streitsüchtig, was sich nicht gerade positiv auf meine Partnerschaft auswirkte. Schließlich war ich so energielos, daß ich nicht einmal mehr meine Arbeit ordentlich erledigen konnte. Ich war bereits am frühen Morgen müde und konnte mich nur mit Kaffee und Kreislauftabletten wachhalten.

Meine Angst wuchs von Tag zu Tag, von jedem und allen angemacht, angepöbelt oder bloßgestellt zu werden.

Immer war ich auf Abwehrposition, allzeit bereit, jeden potentiellen Angriff sofort und bedingungslos parieren zu können. Leider ließ sich diese Einstellung im privaten Bereich nicht gleich wieder ablegen, so daß ich mir nicht wenige Freunde durch meine Gereiztheit und Angriffslust vergraulte, und zu guter Letzt sogar meine Partnerschaft zu Bruch ging. Erst da wachte ich auf und erkannte, daß es so nicht weitergehen konnte.

Ich wechselte meinen Job und machte einige Seminare, die der Bewußtseinsstärkung dienten und kann heute meinen Kollegen ganz anders begegnen; vor allem deshalb, weil ich mich nicht mehr so schnell unter Streß setzen lasse und Angriffen von außen ruhig und behutsam begegne. So behalte ich meine  Energie bei mir und lasse mich durch andere nicht so schnell runterziehen. Ich kann guten Gewissens sagen, daß ich glücklich und zufrieden geworden bin, nicht etwa weil sich das generelle Verhalten meiner Mitmenschen verändert hätte, sondern weil ich anders geworden bin und mit meiner heutigen Art der Negativität anderer Menschen erfolgreicher begegnen kann.«

Insgesamt führt Streß zu negativem Feedback bei sich selbst und in der eigenen Umgebung. Nicht selten ist man gereizt und provoziert damit schnell Streit mit Kollegen und Vorgesetzten, aber auch im privaten Bereich. Das erzeugt neuen zusätzlichen Streß, und eine Spirale in die Negativität beginnt sich zu drehen, deren Sog nur mit besonderer Willenskraft und der bewußten Änderung unliebsamer Lebensgewohnheiten Einhalt geboten werden kann.

Aber selbst Menschen, die die Fähigkeit besitzen, über längere Zeiträume Streßfaktoren durch positive Einstellung zu kompensieren, etwa die berauschenden und euphorischen Eigenschaften des Stresses zur Steigerung ihrer Leistungsfähigkeit ausnutzen können, sozusagen die Fähigkeit besitzen, zu Workaholics zu werden, selbst diese Menschen erleiden eine nicht unerhebliche Minderung ihrer Lebensmöglichkeiten und Lebensqualität. Denn wie bei allen anderen Suchtsymptomen auch, können diese Menschen nicht mehr ohne das Gefühl leben, ständig unter Dampf zu stehen. Der Verlust ihres Arbeitsplatzes oder auch nur ein längerer Urlaubs- oder Sanatoriumsaufenthalt, der zum Ausspannen gedacht war, wird für diese Menschen dann zum Alptraum, zum Entzug des Suchtmittels.

Ein älterer Kollege, der als Workaholic bekannt ist, beschreibt diese Situation etwa so: »Es war die reine Hölle, diese Langeweile, dieses Nichtstun; einen Tag länger und ich wäre mit Sicherheit durchgedreht. Bei allen früheren Urlauben hatte ich immer dafür Sorge getragen, schnell und unkompliziert im Büro anrufen zu können und über Telefax und Telefon jederzeit erreichbar zu sein. Aber dieses Jahr bestand meine Frau darauf, endlich einmal drei Wochen für sich zu haben, und so buchte sie ein winziges Hotel mitten im Urwald von Bali, mit wunderschöner Landschaft, doch mit einer Telefonanlage aus dem letzten Jahrhundert und ohne Telefax. Mein Handy hat sie mir heimlich wieder aus meinem Koffer ausgepackt, ebenso meine Akten, die ich rein vorsorglich zum Überarbeiten mit in den Urlaub nehmen wollte. Und dann saß ich da mit nichts in der Hand. Es war das Schrecklichste, was mir in den letzten dreißig Jahren passiert ist.«

Dabei kann dieses Wohlgefühl des Dauerstresses ohnehin nicht auf Dauer Bestand haben. Körper und Nervensystem des Menschen sind nicht auf Daueranspannung angelegt, sie sind nicht für Dauerkampf und Dauerjagd geschaffen. Selbst in den Urzeiten der Menschheit folgte auf die Jagdzeit eine Ruhezeit, in der die erfolgreiche Jagd gefeiert wurde und noch angestaute Restenergien der Jagd durch Tanz und Spiel abgebaut wurden. Und auch nach jedem Kriegszug folgte eine Zeit des Sammelns, des Verzehrens der Kriegsbeute und des Nachrüstens, bevor ein neuer Kriegszug geplant und begonnen wurde.

Wer heute permanent unter Streß steht, der ist wie jemand, der sich in einem immerwährenden Kriegszustand befindet. Auf Dauer wird er diesen Spannungszustand nicht ertragen können. In früheren Kriegszeiten konnte der, der diesen Spannungszustand nicht länger aushalten konnte, sich in vorderster Front dem Feind entgegenwerfen und durch den Kampf seine Spannungen ausleben. Heute sind es Krebs, Herzinfarkt und Kreislaufbeschwerden, die als unbewußte Kompensation übriggeblieben sind und leider nicht selten ein Amoklauf, bei dem dann niemand verstehen kann, wie der sonst so kultivierte, immer höfliche und freundliche Mensch überhaupt so etwas Schreckliches tun konnte.

Und was für den einzelnen gilt, zählt auch für die Gesellschaft. Auch eine Gesellschaft, die permanent unter Streß lebt, ist wie eine Gesellschaft im Kriegszustand. Das bekommen zunächst die schwachen Gesellschaftsmitglieder zu spüren, wie beispielsweise alte und kranke Menschen, später dann zunehmend auch die Träger der Leistungs-Streß-Gesellschaft selbst. Die Aggressionen, die durch Streß erzeugt werden, müssen ausagiert werden. In realen Kriegszeiten wurde das immer wieder zum Leidwesen des Gegners unter Mißachtung von Humanität am Unterlegenen ausagiert. Heute wird die durch Streß erzeugte Aggression am Mitmenschen ausgelassen. Der Chef läßt Frust und Wut an seinen Untergebenen aus; der Familienvater an der Familie; die Mutter an den Kindern und die Kinder an ihren Mitschülern oder bereits an ihren Kameraden im Kindergarten. So erklärt sich die zunehmende Gewalt schon bei den kleinsten Gesellschaftsmitgliedern im Kindergarten und auf dem Spielplatz.

Die zunehmende Rücksichtslosigkeit und Aggressivität in unserer Gesellschaft belastet mehr und mehr die zwischenmenschlichen Beziehungen auch zwischen Partnern, Familienmitgliedern und Freunden. Die Vereinsamung wächst.

Eine Frau, die von ihrem Mann wiederholt geschlagen wurde und aus diesem Grunde die Scheidung eingereicht hat, schildert den Zusammenhang zwischen Streß und Aggressivität folgendermaßen: »Eigentlich war mein Mann nicht gewalttätig veranlagt, jedenfalls hatte ich davon in den ersten fünf Jahren, die wir uns kannten, nie etwas bemerkt. Erst als es in seiner Firma wirtschaftlich kriselte und immer mehr seiner Kollegen entlassen wurden, begann er, zu Hause zunehmend gereizt zu reagieren und zwar auf Dinge, die ihn sonst nie aus der Ruhe gebracht hatten.

Seine Situation am Arbeitsplatz wurde immer schwieriger. Die verbliebene Belegschaft mußte zum Teil Arbeiten miterledigen, die zuvor von den entlassenen Kollegen erledigt worden waren. Auch der Druck der Firmenleitung auf die Mitarbeiter wurde verstärkt. Schließlich eskalierte die Situation, als Teile der Produktion geschlossen werden mußten. Mein Mann war gezwungen, in eine andere Abteilung zu wechseln, wo er sich vollkommen neu einarbeiten mußte und mit Kollegen zusammen war, mit denen er sich nicht verstand. Jetzt gab es jeden Abend Krach. Entweder hat er seine Wut an den Kindern ausgelassen oder an mir. Wenn ich nicht meinen Mund hielt, und sei es nur um die Kinder in Schutz zu nehmen, dann schlug er mich, zuerst ins Gesicht, später auch am ganzen Körper. Regelrecht verprügelt hat er mich. Es wurde immer unerträglicher. Wir konnten nicht mehr miteinander reden. Er verschloß sich immer mehr, nicht nur mir gegenüber, sondern auch gegenüber allen Freunden und Verwandten. Schließlich sah ich keinen anderen Ausweg, um mich und meine Kinder zu schützen, als mich von ihm zu trennen.«

Nur wer befähigt ist, sich aus der Streßspirale unserer Gesellschaft zu lösen und eine ganz persönliche Einstellung zu seiner eigenen Leistungsfähigkeit zu entwickeln in der Lage ist, kann sich dauerhaft ein glückliches und zufriedenes Leben aufbauen. Denn er wird nicht schlagen, was er doch eigentlich liebt, und er wird sich durch Veränderungen im Betrieb und in der Firmenleitung nicht so unter Druck setzen lassen, daß er an sich und seinem eigenen Leistungsvermögen zweifelt. Und er wird Druck nicht mit Gegendruck beantworten. Er wird die Spirale durchbrechen.

## 6. Wachsende Instabilität zwischenmenschlicher Beziehungen

In der Bundesrepublik Deutschland wird durchschnittlich jede dritte Ehe in den ersten fünf Jahren nach der Eheschließung wieder geschieden. In den übrigen westlichen Industrienationen sehen die Scheidungsraten ähnlich aus. Die Zahl der Einpersonenhaushalte, vor allem in den Großstädten und Ballungsräumen, ist ständig im Wachsen begriffen. Und die Bedeutung der Vereine und Organisationen als Kommunikationszentren mit der Möglichkeit, neue Kontakte und zwischenmenschliche Beziehungen zu knüpfen, nimmt ständig ab. Moderne Treffpunkte wie Diskotheken, Videoshops oder Kinocenter erweisen sich als kommunikationsfeindlich. Und auch die Chancen, am Arbeitsplatz Kontakte zu knüpfen, die privat zu Freundschaft oder Partnerschaft führen können, nehmen mit zunehmender Rivalität und Konkurrenz auch zwischen Männern und Frauen weiter ab. Was bleibt, sind oberflächliche Bindungen, Freundschaften, die nicht mehr auf persönlichem Interesse am anderen Menschen basieren, sondern entweder aus Geltungsbedürfnis oder aus Hoffnung auf wirtschaftliche Vorteile eingegangen werden; oder die geschlossen werden, einfach um die eigene Einsamkeit zu überdecken, wohl wissend, daß wenig Gemeinsamkeiten und Übereinstimmungen mit den Freunden und Bekannten vorhanden sind. Wird unter diesen Voraussetzungen eine Freundschaft oder gar Partnerschaft eingegangen, wird sie dann den besonderen Belastungen der modernen Gesellschaft ausgesetzt, etwa dem Leistungsdruck im Beruf und Freundeskreis, dem daraus erwachsenden Streß und Frust, der Existenzangst, die aus der Vorstellung erwächst, immer und überall das Beste geben zu müssen, um überhaupt überleben zu können, dann wird die fehlende Gefühlsnähe in der eingegangenen Beziehung bald offen zutage treten. Es wird kein Verständnis für die Belange des anderen vorhanden sein, und man wird sich dann bald wieder genauso einsam und verlassen fühlen wie vor dem Eingehen der Beziehung. Kommt dann eine direkte Belastungsprobe für die Partnerschaft, etwa wirtschaftliche Schwierigkeiten, ein Urlaubsflirt, schwere Krankheit oder eine mißglückte Schwangerschaft, dann hat die Beziehung schnell ein Ende.

Eine andere Klientin, die sich gerade in Scheidung befindet, beschreibt ihr Verhältnis zu ihrem Ehemann so: »Ich habe ihn vor dreieinhalb Jahren auf dem Golfturnier in München kennengelernt. Er sah sehr gut aus, war sportlich durchtrainiert, charmant und gewann das Turnier ohne große Anstrengung; auf Siegertypen habe ich schon immer gestanden. Bei der Siegerehrung lernten wir uns näher kennen. Er kam recht schnell zur Sache und so entstand ohne große Anlaufschwierigkeiten eine Beziehung, die recht gut lief. Wir waren beide beruflich erfolgreich, hatten interessante Freunde, waren viel unterwegs und genossen die schönen Seiten des Lebens. Da wir uns gut verstanden und vom Lebensstil gut zueinander paßten, haben wir dann vor zwei Jahren geheiratet.

Am Anfang ging auch alles gut, bis kurz nach unserer Hochzeit seine Computerfirma in finanzielle Schwierigkeiten geriet. Er mußte immer mehr arbeiten und war zunehmend gefrustet, wenn er abends nach Hause kam. Seine positive Lebenssicht von früher, die mir so an ihm gefallen hatte, war dahin. Dann ging die Firma zu allem Unglück auch noch pleite und er wurde arbeitslos. Nicht daß uns das in große finanzielle Schwierigkeiten gebracht hätte, denn mein Gehalt reichte durchaus aus, um uns vorübergehend beide zu finanzieren. Aber das Gefühl, daß ich jetzt meinen Mann aushalten mußte, widerstrebte mir zutiefst. Und er fühlte sich als Versager. Statt sich schleunigst um eine neue Stelle zu kümmern, hing er im Golfclub herum und war manchmal schon gegen Mittag betrunken. Ich schämte mich.

Zu allem Übel wurde ich auch noch schwanger. Da ich mit meinem Mann immer seltener schlief, glaube ich, daß das Kind von einem Seitensprung mit einem Arbeitskollegen anläßlich einer Dienstreise entstammt, aber wie auch immer, in der achten Woche erlitt ich eine Fehlgeburt und das brachte das Faß zum Überlaufen. Obwohl ich mir nicht einmal sicher war, ob ich das Kind überhaupt haben wollte, machte mir der Verlust erst so richtig bewußt, daß ich nichts mehr gemeinsam hatte mit diesem Mann, der mein Ehemann war, ohne Job und ohne Leistungswillen. Da habe ich entschieden, die Scheidung einzureichen und durchzuziehen.«

Belastbar sind Beziehungen nur dann, wenn eine gemeinsame Gefühlsebene vorhanden ist und ein Zusammengehörigkeitsgefühl aufgebaut wurde, das die Partner zusammenhält und dazu beiträgt, daß sie nicht bei der ersten kleinen Windböe wieder auseinandertreiben. Bindungsfähigkeit aber will erlernt sein, wie alles andere im Leben. Neben Beruf, Alltagshektik und Streß scheint aber für die Ausbildung derartiger Fähigkeiten heute wenig Raum zu bleiben.

Das gilt in gleichem Maße auch für Freundschaften. Wer bereits von klein auf zum Einzelkämpfer erzogen wurde, zum Ellenbogenkämpfer, der in allen und jedem – selbst in seinen Mitspielern im Kindergarten – nur Rivalen und Konkurrenten sieht, die es zu übertrumpfen gilt, um erfolgreich im Beruf zu sein und gesellschaftlich anerkannt zu werden, der wird sich schwerlich auf Freundschaften und emotionale Bindungen mit anderen einlassen können.

Denn jede Freundschaft bedeutet dann einen Schwachpunkt auf der Karriereleiter. Was werde ich tun, wenn mein Freund mein Konkurrent wird, um einen Studienplatz, um einen Job, um einen anderen Freund? Werde ich ihm dann als Freund treu bleiben und damit eventuell mein eigenes Weiterkommen auf der Karriereleiter gefährden, weil ich gehemmt sein könnte, meine Ellenbogen im richtigen Moment voll einzusetzen? Verrate ich aber meinen Freund, verrate ich dann mit meiner Freundschaft nicht auch mich selbst?

Um solche Gewissenskonflikte erst gar nicht aufkommen zu lassen, um erst gar nicht in die Versuchung zu geraten, in einem Konkurrenten auch einen potentiellen Freund und in Freunden auch potentielle Konkurrenten zu sehen, meiden eine Vielzahl moderner Menschen von vornherein enge emotionale Kontakte. Ein Tennismatch hier, ein Golfspiel da, ein Treffen mit dem Sportverein, ansonsten bleibt man sich selbst treu und nimmt sich emotional zurück. Und vor allem nicht zu viele Gefühle zeigen, denn Gefühle könnten als Schwäche ausgelegt werden und verwundbar machen. Also machen viele Menschen lieber dicht und warten ab.

Resultat dieser Einstellung ist Bindungsunfähigkeit und

Einsamkeit. Das Leben ohne Menschen, die einem etwas bedeuten, wirkt leer. Nur die wenigsten Menschen sind in der Lage, so in sich selbst zu ruhen, daß sie keines Mitmenschen zum Glücklichsein mehr bedürfen. Die meisten sehnen sich nach Gemeinschaft, nach Gefühlen und Zuneigung. Sie haben jedoch verlernt, wie sie dieses Gut erlangen können, wie sie echte zwischenmenschliche Beziehungen wieder aufbauen, ausbauen und erhalten können.

Früher existierte die emotionale und wirtschaftliche Einbindung in eine Großfamilie, es gab einen Nachbarschaftsverband und intakte Dorfstrukturen; man war in diesem System des Zusammenlebens fest eingebunden und damit automatisch gefordert, sich zu integrieren und seinen Platz in der Gemeinschaft zu finden. Man mochte manche von seinen Mitmenschen ablehnen und andere lieben, in jedem Fall mußte man sich mit allen konfrontieren und auseinandersetzen, man mußte seine Bindungsfähigkeit immer wieder erproben und weiterentwickeln.

Heute sind diese Systeme mitmenschlichen Zusammenlebens weitgehend auseinandergefallen. Zwischenmenschliche Beziehungen müssen nunmehr aktiv aus einer Vielzahl von Gesellschaftskreisen und Möglichkeiten heraus aufgebaut werden. Die Fähigkeit hierzu haben aber die meisten Menschen heute verloren. Sie wiederzuerlangen ist ein wesentlicher Schritt dazu, sein Leben positiv zu gestalten, ihm eine Wende zum Glück und zur Zufriedenheit zu geben.

Ein Freund, der in einer mittleren Großstadt alleine lebte, schildert den Aufbau seines neuen Lebensumfeldes folgendermaßen: »Zunächst war ich ganz allein. Als ich vor eineinhalb Jahren hierher zog, einer gutdotierten Anstellung wegen, kannte ich niemanden. Zu Beginn hatte ich auch keine Zeit, einen Bekannten- oder Freundeskreis aufzubauen, denn ich war in meinen neuen Job voll und ganz eingespannt. Doch relativ schnell wurde mir klar, daß ich so nicht leben kann, isoliert und nur auf meine berufliche Tätigkeit beschränkt. Da habe ich in der Zeitung inseriert und Gleichgesinnte zur Gründung einer alternativen Wohngemeinschaft gesucht.

Innerhalb kurzer Zeit fanden sich auch sechs Interessenten zusammen. Wir verstanden uns auf Anhieb, hatten die gleichen Hobbies und Musikinteressen. Für die Miete, die jeder einzelne von uns bezahlte, konnten wir uns locker eine kleine alte Villa am Stadtrand leisten. Sie war groß genug, damit keiner dem anderen auf die Füße treten mußte und bot gleichzeitig Platz für Gemeinschaftsräume, in denen wir zusammensein konnten, wenn uns nach Gemeinschaft war. Natürlich bringt ein Zusammenleben andere Probleme mit sich als ein Singledasein in einem Stadtappartement. Aber mit der Zeit ist mir die WG ein richtiger Familienersatz geworden. Und so, wie man sich in einer großen Familie auch einmal streitet, rauft man sich auch wieder zusammen. Darüber hinaus habe ich über meine Mitbewohner Kontakt zu einer psychosomatischen Klinik bekommen, die mit alternativen Heilmitteln versucht, chronisch Kranken Linderung zu verschaffen. Da ich aus dem medizinischen Bereich komme, war es ein leichtes für mich, einen Job in dieser Klinik zu bekommen und so aus dem herkömmlichen Medizinerstreß auszusteigen. Jetzt ist mein Job eine zweite Heimat für mich, da psychosomatisches Heilen vor allem bedeutet, für seine Patienten dazusein, Zeit zu haben und zuhören zu können. Und ebenso gehen wir Mitarbeiter miteinander um. Aus dem früheren Gegeneinander habe ich zu einem Miteinander gefunden, sowohl in meinem privaten als auch in meinem beruflichen Bereich. Seitdem fühle ich mich lebendig und frei.«

Ohne Wiedererlangung dieser Fähigkeit zum Miteinander ist Glück und Zufriedenheit nicht zu erreichen. Das Menschsein ist auf Gemeinschaft ausgelegt, auf Kommunikation und Austausch, auf Austausch von Ideen, Gedanken, Vorstellungen, aber auch von menschlicher Wärme, Zuneigung und Liebe; gerade dieser zwischenmenschliche Austausch ist eines der wesentlichsten Merkmale des Menschseins. Ohne Wiedererlangung dieser Fähigkeit ist wahrhaftes Leben nicht möglich.

Mathias Wendel sagt: »Wer die Liebe hat, der braucht nicht die Macht und wer geliebt wird, der braucht nicht vollkommen zu sein.« (M.Wendel/ U.York: Maskenball der Seele, S.28).

In diesem Sinne erscheint es mir notwendig, sich wieder der Liebe und der Mitmenschlichkeit zu öffnen.

Die nachfolgenden Kapitel sollen diese Fähigkeiten wiedererwecken und aufzeigen, daß bereits die positive Einstellung zu sich selbst und seinen Mitmenschen und zum Leben als Ganzes die Gestaltung zwischenmenschlicher Beziehungen erfolgreich beeinflußt und das eigene Gefühl von Geborgenheit und Zufriedenheit innerhalb zwischenmenschlicher Beziehungen verstärken hilft.

# Teil II

## – Was führt uns zum Glücklichsein? –

# Positive Lebensgestaltung

Alle wesentlichen Probleme in unserer Zeit, wie sie in den vorgenannten Teilaspekten beschrieben worden sind, können in einem Kernpunkt zusammengefaßt werden. Es ist die mangelnde Fähigkeit des modernen Menschen glauben zu können, die ihn unzufrieden, unerfüllt und innerlich gehetzt erscheinen läßt.

Ein Hauptansatzpunkt zur Verbesserung der eigenen Lebensqualität ist demgemäß das Zurückgewinnen der persönlichen Glaubensfähigkeit.

Mit dem Begriff »Glauben« meine ich nicht in erster Linie das Glaubensbekenntnis zu einer der bestehenden Weltreligionen oder an eine transzendente Wesenheit, wie es die Religionen in traditioneller Weise propagieren. Statt dessen ist in unserer heutigen komplexen und in schwierige Einzelprobleme zerfallenden Welt ein ganzheitlicher Glaube notwendig.

»Es ist die Aufgabe auch der Theologie, die Macht der Philosophie und der Wissenschaft von der Natur zu gebrauchen, um den Glauben zu lenken und die Gemeinde der Gläubigen zu führen.« Bereits der Philosoph Roger Bacon (1214 - 1294) hat dies in seinem Werk Opus Maius niedergeschrieben und damit dem umfassenden Wunsch, Wissen, Weisheit und Glauben zu einer Einheit zu verschmelzen, Ausdruck verliehen.

Um so mehr ist es heute die Aufgabe des modernen Menschen, durch die Glaubensfähigkeit an die Größe des Menschen und seine damit verbundene herausgehobene Bestimmung, die Schöpfung der Erde zu bewahren und der Menschheit insgesamt menschenwürdige und den individuellen Bedürfnissen angemessene Lebensbedingungen auf unserem Planeten zu sichern. Dies kann nur unter Zuhilfenahme von Philosophie, Technologie und naturwissenschaftlicher Erkenntnis, durch eine ganzheitliche Betrachtung der Welt und durch aktives Angehen der bestehenden Probleme gelingen. »Heilung im echten, ganzheitlichen Sinn bedeutet viel mehr, als einige Symptome vorübergehend wegzutherapieren. In Wirklichkeit beginnt der Weg zum Heilsein damit, daß die Menschen bereit sind, die Rolle des ewig schuldlosen Opfers aufzugeben und die Verantwortung für sich und ihr Schicksal zu übernehmen.« (M.Wendel/U.York, Maskenball der Seele, S.116).

Ein aktives Bewältigen der Probleme ist jedoch nur dann möglich, wenn Menschen den Glauben an sich selbst und an die in ihnen liegenden Fähigkeiten wiederbeleben und aus diesem Glauben Hoffnung schöpfen, Hoffnung und Gewißheit, daß durch ihr Handeln positive Veränderungen erreicht werden können. Ohne diese, auf Glaube und Hoffnung basierende Selbstsicherheit ist die Chance, neue Wege zu erschließen, neue Möglichkeiten des Lebens und der Lebensweisen zu entdecken, gering.

Ein guter Freund von mir verlor vor ein paar Jahren alles, was für ihn bis dahin Bedeutung im Leben hatte. Zunächst verließ ihn sein langjähriger Lebensgefährte, mit dem er eine tiefe Verbundenheit teilte, nicht etwa, weil deren Liebe und Verbundenheit im Laufe der Jahre weniger geworden wäre, sondern weil er es vorzog, sich gesellschaftlich zu etablieren und glaubte, mit einer Frau an seiner Seite dieses Ziel besser erreichen zu können. So heiratete er eine Frau und zog seines Weges. Gleichzeitig brach ein von beiden gemeinsam initiiertes Bauprojekt zusammen, was meinen Freund an den Rand des finanziellen Ruines brachte. Seine bisherigen Freunde distanzierten sich daraufhin von ihm und in seinem Job stimmte es ohnehin seit Jahren schon nicht mehr. Nichts blieb ihm, woran er sich hätte festhalten können. Zu allem Überdruß wurde er auch noch schwerkrank, so daß er zunächst nicht einmal in der Lage war, aktiv sein Leben neu zu gestalten. Trotz allem verlor er nie ganz den Glauben daran, daß für ihn auch wieder eine Phase des Glückes kommen werde, daß er in der Lage sein werde, das Ruder herumzudrehen und sich wieder glücklichere Lebensumstände erschaffen zu können. Allein dieser Glaube, dieses Urvertrauen in die positive Kraft des Lebens, daß nach einer schlechten Phase auch wieder schöne Zeiten kommen, gab ihm die Kraft, langsam wieder auf die Beine zu kommen. Zuerst bekämpfte er aktiv seine Krankheit, indem er sich sowohl der herkömmlichen altbewährten medizinischen Hilfsmittel bediente, als auch auf alternative Heilmethoden wie Homöopathie, Akupunktur und die Meditation zurückgriff. Als er sich körperlich wieder fit fühlte, begann er seine Finanzen zu sanieren. Er verließ seinen ungeliebten Job, wurde selbständig und baute sich einen neuen Freundeskreis auf. Danach fand er einen neuen Lebensgefährten, mit dem das Leben zu teilen nun so schön ist, daß er seinem alten Leben mit Karrierestreß und oberflächlichen Bekanntschaften nicht mehr im mindesten nachtrauert. »Ohne meinen festen Glauben, daß ich es schaffen würde, egal wie, wäre ich niemals da, wo ich heute stehe. Ich kann sagen, daß mir allein mein Glaube an meine Fähigkeit, mein Leben selbst gestalten zu können und die letztendliche Bereitschaft, immer wieder Veränderungen in meinem Leben zuzulassen, mich zu einem zufriedenen und erfolgreichen Menschen gemacht hat und in schwerer Zeit dafür gesorgt hat, daß ich nicht gänzlich verzweifle.

Mein Glaube hat zu einem Bewußtseinswandel bei mir geführt. Heute weiß ich, daß alles, was mir geschieht, gut für mich ist, daß es meine Weiterentwicklung fördert, daß ich lerne, mit jedem Schritt, den ich im Leben weitergehe, mehr ich selbst zu sein und daß es immer weitergeht, egal was passiert.«

Neben der Änderung des allgemeinen Bewußtseins hat der Glaube an sich eine noch weitaus größere Bedeutung für die Entwicklung des einzelnen Menschen. Nur wer die Fähigkeit zu glauben gelernt hat, vermag die Sinnhaftigkeit seines Lebens tatsächlich zu ergründen und somit allen seinen Handlungen Sinn und Zweck zu verleihen.

Und gerade daran mangelt es dem Individuum unserer heutigen Gesellschaft. Wer Glück im materiellen Reichtum und wirtschaftlichen Erfolg sucht, wird so lange erfolglos bleiben, so lange er die unter großem Einsatz angehäuften materiellen Güter keiner tatsächlich sinnvollen Verwendung zuführen kann. Erst wer ein wie auch immer geartetes ideelles Ziel vor Augen hat, etwas im Sinn hat, wofür sich sein Einsatz lohnt, der wird seine Arbeits- und Lebensweise als glücklich empfinden, selbst wenn sein angestrebtes Ziel noch nicht erreicht ist.

Wem dieses ideelle Ziel jedoch fehlt, der fragt sich zumindest unbewußt, wofür er eigentlich den ganzen Aufwand an Mühe und Hektik tagtäglich auf sich nimmt, und er wird in Ermangelung eines solchen ideellen Ziels unzufrieden, gestreßt sein und sich unverstanden fühlen, weil er seine Lebensweise in Ermangelung eines Zieles im Grunde ja selbst nicht versteht.

Besteht dagegen ein wie auch immer geartetes Lebensziel, ein tiefer Wunsch, etwas Bestimmtes zu erreichen oder zu realisieren, so muß der Glaube daran, das Ziel auch erreichen zu können, hinzukommen. Dann wird der Mensch zufrieden und glücklich sein können, denn eine jede seiner Handlungen bringt ihn nun seinem angestrebten Ziel ein kleines Stück näher.

Ohne Glauben an die Verwirklichung seiner Zielvorstellungen würde es dem Menschen nicht viel besser gehen als jenen vielen, die nicht einmal ein Ziel vor Augen haben. Denn ohne den Glauben an die Verwirklichung seiner Ziele ist das Handeln sinnlos, da die Handlung in der persönlichen Vorstellung des Handelnden das Ziel nicht wesentlich näher bringen kann.

Erst beides, also ein ideelles Ziel und der Glaube daran, es verwirklichen zu können, gewährt die Voraussetzungen für ein glückliches, ausgefülltes und zufriedenes Leben.

Eine gute Freundin von mir war bis zu ihrem Tode als Psychiaterin tätig. Trotz ihrer rein wissenschaftlich ausgerichteten Arbeit hatte sie sich auch schon immer für spirituelle Seminare und alternative Behandlungsmethoden interessiert. Auf Grund ihrer Erfahrungen in diesen Seminaren wählte sie sich zum Lebensziel, die Menschen zu Frieden und innerer Harmonie zu führen. Sie hatte beobachtet, daß Menschen, die diese Eigenschaften für sich verwirklicht haben, viel weniger anfällig für psychische Störungen sind, weniger zu aggressivem Verhalten neigen und wesentlich konstruktivere Beiträge für die Fortentwicklung des gesellschaftlichen Zusammenlebens leisten. Und sie glaubte fest daran, ihr ideelles Ziel auch in einem intellektuell technischen Lebensumfeld wie der modernen Medizin verwirklichen zu können.

Zunächst gestaltete sie ihr eigenes Leben anders, um in einer ersten Stufe das von ihr ideell angestrebte Ziel auch im eigenen Lebensumfeld verwirklichen zu können. Sie trennte sich von ihrem Ehemann, heiratete einen Afrikaner, der sich mit ihrem ideellen Lebensziel besser identifizieren konnte als ihre deutschen Bekannten und Freunde, und sie verwandte in ihrem Beruf mehr spirituelle Ansätze, wie Tiefenentspannung, Meditationen und Rituale, um ihre Patienten an das Ziel des Friedens und der inneren Harmonie über die emotionale Ebene näher heranzuführen. Schließlich gab sie Seminare über dieses Thema, um einen möglichst großen Zuhörerkreis zu erreichen. Je mehr sie ihr Leben auf das von ihr angestrebte ideelle Ziel des Friedens und der inneren Harmonie hin ausgestaltete, desto mehr erreichte sie für sich selbst den Zustand der inneren Ausgeglichenheit. Schließlich entwickelte sie ein einfaches Verhaltensmuster der sachlichen Konfrontation, um Störfaktoren, die selbstverständlich immer wieder einmal im Leben auftauchen, bereits im Ansatz auszuräumen. Obwohl sie in ihrem Beruf ständig mit schwerkranken Menschen konfrontiert war, bin ich selten einem so glücklichen und ausgeglichenem Menschen begegnet, immer hilfsbereit und immer für einen guten Ratschlag zu haben. »Meine Kraft erhalte ich aus meiner Authentizität«, hat sie mir einmal gesagt. »Das heißt, dadurch, daß ich mein ideelles Lebensziel in allen meinen Lebensbereichen zur vollen Entfaltung bringe und zu diesem Lebensziel uneingeschränkt stehe und an seine Verwirklichung glaube, ist alles was mir im Leben begegnet Erfüllung, weil es mich ganz persönlich berührt. Das ist es, was für mich Glück und Zufriedenheit ausmacht.«

Weshalb aber sollte es sich um ein ideelles Ziel handeln, das man sich wählt und nicht etwa um ein materielles Ziel wie Haus, Auto, Urlaubsreisen etc.? Nun, das ist recht einfach zu erklären. Beschränken sich die Ziele, wie heute ganz überwiegend der Fall, auf die Befriedigung der rein materiellen Bedürfnisse, so führt das zu keiner anhaltenden Zufriedenheit bei den Menschen.

Wünscht sich jemand ein Haus und hat es schließlich erreicht, so will er ein größeres Auto. Ist auch das erworben, so will er ein größeres Haus und baut an. Ist der Anbau beendet geht es erst einmal auf große Urlaubstour. Ist dann der Urlaub beendet, regt sich der Wunsch nach einem Ferienhaus. Der Kreislauf ließe sich beliebig lange fortsetzen. Die Konsumgesellschaft basiert auf dem Prinzip, daß der Konsum materieller Güter keine dauerhafte Befriedigung bei den Konsumenten bewirkt, sondern immer mehr und immer aufs neue gekauft und hinzuerworben werden muß. Bei genauerem Hinsehen wird aber sehr deutlich, daß materieller Wohlstand allein die wahren Bedürfnisse des Menschen nicht befriedigen kann. Zwar wünscht sich natürlich jeder ein schönes Haus oder eine gemütliche Wohnung; doch bleiben diese Wünsche letztlich alle an der Oberfläche, was die fortdauernde Unzufriedenheit all jener bezeugt, die bereits ein Haus oder eine Wohnung besitzen und immer noch etwas anderes oder größeres oder schöneres begehren. Im Grunde ist der Effekt bei materiellen Dingen ganz einfach der, daß sie nur so lange wirklich interessant sind, solange man sie nicht besitzt. Hat man sie erst erworben, werden sie abgelegt, sozusagen gehortet, und man wendet sich dem Erwerb der noch nicht in Besitz befindlichen Dinge zu.

Anders ist dies bei einem ideellen Ziel. Dieses muß verwirklicht werden, der Besitz allein reicht nicht aus. Es muß gelebt werden und kann nicht einfach weggelegt werden, wenn man es erworben hat. Legt man es ab, wie bei einem materiellen Gut, das man im Schrank verwahren kann, so hat man das ideelle Ziel bereits wieder verloren. Damit bleibt es, anders als die materiellen Dinge, stets aufs neue interessant und faszinierend. Man kann es erleben, nicht aber kaufen und verwahren. Genau das macht den Unterschied aus.

Dabei ist es gleichgültig, welchen ideellen Zielen man sich verschreibt. Es können kirchlich orientierte Ziele sein, wie die Förderung geistiger Spiritualität, die Hilfe für Arme und Bedürftige, die Unterstützung unterentwickelter Länder, oder politische und philosophische Ziele, wie Gerechtigkeit, Chancengleichheit, Umweltschutz, Tierschutz oder die Realisierung humaner Lebensverhältnisse für sozial Schwache und Randgruppen der Gesellschaft.

Allen diesen ideellen Zielen gemeinsam ist, daß mit dem Versuch der Verwirklichung dieser Ziele der Handelnde eine Bewußtseinsentwicklung durchlebt und einen damit verbundenen Lernprozeß, der das Leben inhaltsreicher, gleichsam sinnvoller macht gegenüber den Menschen, die lediglich zur Befriedigung materieller Bedürfnisse leben.

Statt dessen entwickelt er sich mit jedem Schritt, den er seinem Ziel näherkommt, weiter, lernt Hintergründe zu erkennen, Wünsche anderer Menschen besser zu verstehen und Strategien zu entwickeln, wie man gemeinsam und nicht gegeneinander seine Ziele fördern, weiterentwickeln und realisieren kann.

Ein Freund von mir ist in der Kinderpflege tätig. Er wählte sich bereits in jungen Jahren zum ideellen Ziel den Schutz und die Bestimmungsfreiheit für behinderte Kinder. Er arbeitete regelmäßig mit behinderten Kindern zusammen und erkannte recht schnell, wie diese regelmäßig zur Unselbständigkeit erzogen wurden. Entweder, weil man sie überbehütete, oder weil man im anderen Extrem möglichst wenig mit ihnen zu tun haben wollte und sich deshalb gar nicht erst die Mühe machte, ihnen mit Geduld und Liebe langsam selbständige Verhaltensweisen anzugewöhnen. Für ihn war das Selbstbestimmungsrecht von Menschen immer eine wichtige Voraussetzung für die Freiheit des einzelnen gewesen, und so erkannte er schnell, daß auch behinderte Kinder unabhängig von ihrer Behinderung nur dann Freiheit erlangen können, wenn man ihnen genauso wie gesunden Kindern größtmögliche Bestimmungsfreiheit gewährt.

Am Anfang beobachtete er nur die herkömmlichen Erziehungsmethoden seiner Kollegen und las sich in die Fachliteratur zu diesem Thema ein. Dann begann er langsam, sein Ziel der Bestimmungsfreiheit in den täglichen Umgang mit den ihm anvertrauten Kindern einzubeziehen. Er nahm ihnen immer weniger Tätigkeiten ab, regte sie zur gegenseitigen Unterstützung, Mithilfe und Eigeninitiative an, achtete immer genau darauf, daß vor einer Entscheidung – und ging es nur darum, welche Kleidung ein Kind heute tragen wollte – das betroffene Kind miteinbezogen wurde und seine Wünsche und Vorlieben in die Realität umgesetzt wurden.

Dabei wurden ihm sehr schnell auch die übergreifenden Zusammenhänge bewußt, die gesellschaftlich und familiär die Rolle eines behinderten Kindes mitbestimmten.

Viele Eltern waren über die wachsende Selbständigkeit ihrer Kinder, die sich aus dem neuen Erziehungsansatz meines Freundes entwickelte, gar nicht glücklich. Sie wollten ihr Kind weiter verwöhnen, bedienen und in seiner rein kindlichen, passiven Rolle verharren lassen. Die Behinderung, so schlimm sie auch vordergründig für alle Betroffenen war, gab den Eltern doch irgendwie auch die Gewißheit, ihr Kind niemals ins Erwachsenenleben entlassen zu müssen. Es gab ihnen das Gefühl, ihr Kind immer in der Kinderrolle behalten zu können, mit aller Liebesfähigkeit, die dieser Rolle innewohnt, aber auch mit allen Machtmöglichkeiten, die Eltern über ihre Kinder auszuüben in der Lage sind. Und auch von der Heimleitung gab es Widerstände. Selbstsichere, sich in ihren Belangen frei von Fremdbestimmung entwickelnde Kinder sind anstrengender als überbehütete, zu wenig Eigeninitiative neigende Kinder. Sie wissen in der Regel, was sie wollen, stellen Forderungen und gehen mit ihrer Behinderung auch besser um, weil sie zu weniger Minderwertigkeitskomplexen neigen. Alles in allem entwickeln sie sich zu kleinen Persönlichkeiten, wie nichtbehinderte Kinder und selbständige Erwachsene auch. Und ein Kinderheim voll mit kleinen selbständigen Individuen ist eben selbst in einer freien Gesellschaft nicht immer erwünscht. Folgerichtig schaltete sich zunächst auch die Heimleitung reglementierend ein.

Die neuen Erziehungsansätze meines Freundes setzten sich letztendlich dennoch durch, nicht zuletzt, weil gerade die psychische Entwicklung seiner zu Selbständigkeit und

Bestimmungsfreiheit erzogenen Kinder wesentlich positiver verlief als die von Kindern in vergleichbaren anderen Gruppen. Seine Kinder hatten eben das Gefühl, so wie sie waren, trotz Behinderung voll akzeptiert, geliebt und auch leistungsmäßig anerkannt zu werden. Das gibt innere Kraft, die sich in der Entwicklung der Kinder schnell zeigte. Mit die wichtigste Erkenntnis aber war, daß mein Freund durch die Wahl und Verfolgung seines ideellen Lebenszieles gelernt hat, Hintergründe zu erkennen und zu verstehen. Hintergründe, warum Menschen handeln wie sie handeln, – etwa, weshalb sie ihre Kinder zur Unselbständigkeit erziehen – oder weshalb Institutionen abwehrend auf neue Ansätze und Methoden reagieren, unabhängig davon, ob diese gesellschaftspolitischen Zwecken förderlich wären oder nicht.

»Ich habe gelernt, die Dinge hinter den Dingen zu erkennen«, hat mein Freund mir einmal gesagt, »und diese Fähigkeit macht mich bewußter in meiner Beobachtung und meinen Entscheidungen.«

Ein Hauptunterschied unserer heutigen Gesellschaftsform zu früheren Gesellschaften besteht genau darin, daß wir heute arm an ideellen Zielen sind, während sie in früheren Zeiten im Übermaß vorhanden waren. Begriffe wie Vaterland, Religion, Gemeinde, Großfamilie beinhalten alle auch ideelle Werte, für deren Erhalt sich einzusetzen damals lohnenswert erschien. Heute haben diese Begriffe entweder negativen Charakter erhalten, wie zum Beispiel Religion oder Vaterland, oder sie sind ihrer eigentlichen Bedeutung entkleidet worden. Eine Gemeinde ist daher heute nicht mehr die Gesamtheit aller Bürger eines Dorfes, sondern ein Verwaltungszusammenschluß; die Familie nicht mehr der

Lebensmittelpunkt, sondern eine Versorgungseinheit oder der Ort der Kindheit.

Ich will damit nicht behaupten, daß all die oben genannten Wertebegriffe es immer auch wert waren, sich uneigennützig für sie einzusetzen. So ist der Begriff »Vaterland« gerade in Kriegszeiten immer und immer wieder von den jeweils Herrschenden und an der Erhaltung ihrer Macht Interessierten mißbraucht worden; ähnliches gilt für den Begriff Religion und hinsichtlich streng patriarchalisch geführter Familien auch für den Begriff Familie. Der erfolgte Mißbrauch dieser Begriffe ändert aber nichts an der Tatsache, daß sie durchaus voll Sinngehalt waren und einen wesentlichen Bereich menschlicher Bedürfnisse nach Heimat, Geborgenheit und Zugehörigkeit zu befriedigen in der Lage gewesen sind.

Es ist bezeichnend für unsere moderne Zeit, daß ideelle Werte, die unsere Kultur und unser Denken über mehr als zweitausend Jahre hinweg geprägt haben, fast vollständig verlorengegangen sind oder zumindest weitgehend sinnentleert wurden und bisher durch keine adäquaten Wertprinzipien ersetzt werden konnten. Der Materialismus, verbunden mit seiner blinden Technologiegläubigkeit, vermag einen befriedigenden Ersatz jedenfalls bis heute nicht zu leisten.

Die Frage bleibt, wie jeder einzelne lernen kann, Hoffnung, Glaube und Sinnhaftigkeit in seinem Leben zu entwickeln, mit dem Ziel, Zufriedenheit in seinem Leben zu erlangen.

Die erste Voraussetzung dabei ist, sich ein ideelles Ziel zu wählen, für das es sich lohnt, Einsatz und Engagement im Leben zu leisten. Dabei entsteht immer die Frage, welchem Ziel man sich nun eigentlich »verschreiben« sollte. Ein Ziel kann nur dann zu einer persönlichen Befriedigung des Menschen führen und seinem Leben einen echten Sinn verleihen, wenn die Person sich mit dem von ihr gewählten Ziel auch vollkommen identifizieren kann. Wählt jemand ein Ziel oder eine Aufgabe im Leben nur, um anderen zu imponieren, oder aus sonst außer ihm selbst liegenden Motiven, wird er bei der Verwirklichung seines gewählten Ziels auf Dauer keine Befriedigung verspüren, vielmehr wird ihm das ganze irgendwann zur Last, da er nicht sich selbst zu leben gewagt hat, sondern sich für Klischees der Gesellschaft oder für die Erfüllung der Träume anderer entschieden hat.

Wichtigste Voraussetzung bei der Auswahl eines Lebenszieles ist daher, sich selbst ganz kennenzulernen. Das heißt, man muß zunächst sich selbst ergründen. Dazu gehört zu lernen, mit sich selbst etwas anfangen zu können, sich selbst bewußt zu werden und zu erkennen, welche Vorlieben, Abneigungen und Vorbehalte man eigentlich besitzt.

Nur wenn ich selbst erkenne, wie ich bin, kann ich mir ein Lebensziel wählen, das tatsächlich meinen ureigenen Wünschen und Bedürfnissen entspricht und damit meinem Leben einen wirklichen Sinn verleiht.

Die nachfolgenden 13 Schritte weisen hierzu einen praktischen Weg. Einen Weg, wie Du Hoffnung, Glaube und Sinnhaftigkeit entwickeln kannst, Selbsterkenntnis und Selbstbewußtsein erlangst und bei konsequentem Beschreiten dieses Weges, Glück, Erfolg und Zufriedenheit im Leben finden wirst.

# 13 Schritte auf dem Weg zum Lebensglück:

1. Finde heraus, wer Du wirklich bist!

2. Erkenne, welche Wünsche, Neigungen und Abneigungen Du hast!

3. Suche Dir ein ideelles Ziel, das Deinen persönlichen Neigungen und Fähigkeiten am deutlichsten entspricht!

4. Mache Dir einen Lebensplan, wie Du dieses Ziel am erfolgreichsten zu realisieren glaubst!

5. Verliere Dein von Dir selbst gesetztes Ziel niemals aus den Augen!

6. Genieße jeden Schritt, den Du zur Erreichung Deines Zieles gehst; – nicht allein das Ziel ist wertvoll, auch der Weg zum Ziel ist wert gelebt zu werden!

7. Lebe bewußt, tue was Du machst mit dem Bewußtsein, daß es Dich Deinem gewählten Ziel näherbringt!

8. Sei optimistisch. Je überzeugter Du davon bist, daß Dein Ziel sich verwirklichen wird, um so näher gelangst Du zum Ziel selbst!

9. Setze Dich nie unter Druck. Du hast alle Zeit der Welt, Dein Ziel zu erreichen; nichts auf der Welt zwingt Dich, das Ziel in Marathonschritten anzustreben; – auch der Weg kann das Ziel sein!

10. Lasse Dich nie durch die Negativität anderer von Deinem Weg abbringen. Menschen, die kein ideelles Ziel im Leben besitzen, sehen im Zweifel alles negativ und können mit ihrer Negativität andere anstecken. Da Du weißt, was Du willst und was für Dich gut ist, wirst Du Deinen Weg gehen, unabhängig von negativer Begleitung anderer!

11. Sei mutig, das Glück ist immer auf der Seite der Mutigen!

12. Sei großzügig im Denken. Je großzügiger und offener Du Deiner Umwelt begegnest, um so bereitwilliger werden Dir andere dabei helfen, Dein Ziel zu verwirklichen!

13. Lerne, wieder glauben zu können!

Im folgenden werden die aufgezeigten 13 Schritte als Weg zur persönlichen Weiterentwicklung ausführlicher beschrieben und mit zahlreichen geläufigen Beispielen versehen.

## 1. Finde heraus, wer Du wirklich bist

Dieses Gebot ist vielleicht das schwierigste von allen, denn es bedeutet das Bewußtwerden seiner eigenen Person. Die Mehrzahl der Menschen lebt in den Tag hinein und macht sich über ihre eigene Person allenfalls Gedanken, wenn es um ihr äußeres Erscheinungsbild geht. Kleidung, Kosmetik, Schmuck, Haare, Figur und Teint, das sind in der Regel die einzigen Anknüpfungspunkte, wo sich ein Mensch mit sich selbst beschäftigt. Über ihre Gefühle, Empfindungen, ihre subjektive Wirkung auf andere Personen machen sich die allerwenigsten Gedanken und wenn, dann zumeist nicht im Hinblick auf einen positiven Ansatz, sondern erst, wenn sie sich schlecht fühlen, weil etwas nicht geglückt ist.

Selbsterkenntnis ist aber die wesentliche Voraussetzung zur Führung eines glücklichen und zufriedenen Lebens. Nur wer seine eigenen Gefühle, Wünsche und Erwartungen von den Anforderungen und Erwartungen, die an ihn von außen herangetragen werden, unterscheiden kann, wie die Erwartungen der Eltern an ihre Kinder, des Chefs an seine Mitarbeiter, der Ehefrau an ihren Ehemann, der kann sich tatsächlich bewußtmachen, was er selbst wirklich will.

Ich selbst glaubte immer, der innige Wunsch Jura studieren zu wollen stamme aus mir heraus. Solange ich mich erinnern kann, also bereits seit dem siebten oder achten Lebensjahr, wollte ich Rechtsanwalt oder Richter werden. Natürlich wollten das meine Eltern auch. Außerdem verstanden sie es über Jahre hinweg, durch liebevolles Zureden, nicht etwa durch Druck und Drohungen, mich davon zu überzeugen, daß das mein eigener Wunsch sei. Zunächst besaß ich nach Meinung meiner Umwelt bereits recht früh einen tiefen Gerechtigkeitssinn. Bei Freunden versuchte ich immer, Streit zu schlichten und schon im Sandkastenalter hätte ich niemals etwas weggenommen, was nicht mir gehörte. Darauf baute dann die Erziehung meiner Eltern auf. Früh wurde ich um Rat gefragt, wenn es um rechtliche oder vertragliche Dinge ging; nicht daß ich das notwendige Fachwissen besessen hätte, aber man billigte mir eine gesunde Intuition zu, wenn es um die Frage ging, was Recht und Unrecht ist. Damit einhergehend wurde mir immer wieder klargemacht, daß ich handwerklich unbegabt bin. »Du hast ja zwei linke Hände, Junge«, bekam ich immer wieder zu hören, wenn ich mal einen Hammer oder einen Schraubenzieher in die Hand nahm.

Spätestens mit zwölf Jahren war dieser Satz in mir so eingeprägt, daß ich es künftig unterließ, irgend etwas Handwerkliches zu basteln, um mich nicht bis auf die Knochen zu blamieren. Dadurch konzentrierte ich mich aufs Lesen und Lernen. So wurden recht sanft, aber doch zielstrebig meine Interessen in eine ganz bestimmte Richtung gelenkt. Ein handwerklicher Beruf kam für mich wirklich nicht mehr in Frage, und von den Studienfächern her interessierte mich vorrangig Jura und Alte Geschichte oder Psychologie. Ein paar Semester studierte ich dann auch Geschichte. Aber als die ersten Schwierigkeiten auftraten, die es so oder ähnlich in jedem Studium gibt, wurde mir klar, daß allein Jura mein ideales Studienfach sein konnte.

Inzwischen hatten natürlich meine Eltern nicht versäumt, mir klarzumachen, daß ich mit Geschichte später niemals richtig Geld verdienen könne und Psychologen ebenfalls reihenweise arbeitslos seien.

Also entschied ich mich für das Jurastudium in der festen Überzeugung, daß es meine eigene Entscheidung gewesen sei. Das Studium selbst fand ich auch ausgesprochen interessant. Erst später, als ich diesen Beruf ausübte, kamen mir Zweifel, ob diese Arbeit wirklich in der Lage ist, mein Leben auszufüllen, und ob ich dieses Studium wirklich gewählt hätte, wenn ich unabhängig von fremder Beeinflussung meine Entscheidung getroffen hätte. Heute kann ich diese Frage mit »Nein« beantworten. Obwohl ich meinen Beruf als Rechtsanwalt heute gerne ausübe, hätte ich mich bei einer Entscheidung in innerer Unabhängigkeit für einen anderen beruflichen Lebensweg entschieden.

Wichtig ist es also, sich selbst bewußt zu machen, wer man wirklich ist und was man wirklich will, um die für sich richtigen Entscheidungen zu treffen.

Um sich »selbstbewußt« zu machen, gibt es durchaus viele Methoden. Die vielleicht einfachste für den Anfang wäre folgende Übung:

Stelle Dich jeden Morgen fünf Minuten vor einen großen Spiegel, ohne Dich zu schminken oder zurechtzumachen. Schaue Dich einfach nur an und frage Dich:

- Wer bin ich wirklich?

- Was will ich wirklich?

- Wozu lebe ich hier und jetzt?

Wenn Du diese Übung einige Zeit praktiziert hast, vielleicht vier bis sechs Wochen, werden Dir neue Gedanken und

Ideen über Dich kommen. Du wirst beginnen, Dich langsam mit Dir selbst auseinanderzusetzen. Zuerst in Träumen und kurzen Gedankenaugenblicken, dann aber immer bewußter und intensiver in immer mehr Lebenssituationen. Du wirst dabei auch lernen, Deine Rolle im Zusammenleben mit anderen zu erkennen; welche Lebensrolle Du gegenüber Deinem Chef, gegenüber Deinen Mitarbeitern im Büro oder in der Werkstatt und gegenüber Deinem Lebenspartner und Deinen Freunden einnimmst. Du wirst erkennen, daß diese Rollen nicht einheitlich sind. Vielleicht hast Du im Sportverein die Rolle des großen Kämpfers und Siegers, gegenüber Deinem Chef im Büro aber die Rolle des schweigenden, eingeschüchterten Untergebenen und in Deiner Liebesbeziehung die Rolle des ewig Unbefriedigten. Die Spiegelarbeit führt dazu, daß Du lernst, Dich zu beobachten und zu erkennen, wie Du wirklich bist, ohne Wertung, ohne Zensur. Wirst Du Dir durch Selbstbeobachtung selbst bewußt, dann lernst Du mit der Zeit auch mehr auf Deine Wünsche und Vorstellungen zu achten, sie mehr in den Vordergrund zu stellen und ihnen mehr Raum zur Verwirklichung – zur Selbstverwirklichung – zu geben. Solltest Du nach einiger Zeit Spaß an der Spiegelarbeit gewonnen haben, kannst Du ruhig einmal einen Feierabend wählen, an dem Du Dich für eine ganze Stunde vor den Spiegel setzt und Dich mit Dir auseinandersetzt. Wenn Dir dabei Ideen und Wünsche kommen sollten, die neu für Dich sind, dann schreibe sie auf, denn es sind Wünsche aus Deinem Unterbewußtsein, die Du durch Selbst-Erkenntnis bewußt gemacht hast und die Dir auf Deinem weiteren Weg weiterhelfen können.

Eine gute Freundin von mir erzählte mir zu ihrer Spiegelarbeit folgende Geschichte: »Zuerst fand ich es ganz entsetzlich, mich unentwegt anschauen zu müssen; es war mir richtiggehend unangenehm. Dann aber entspannte ich mich und gewann Vertrauen zu meinem Spiegelbild. Während mir zu Anfang nur negative Gedanken über mich kamen, wie zum Beispiel: Wie siehst Du schon wieder aus, welch entsetzliche Frisur und die tiefen Augenränder usw., entdeckte ich nach und nach die Schönheiten meines Körpers, die wundervolle Ausstrahlung meiner Augen, die Zartheit meiner Haut, die Form meines Busens etc. Nach ein paar Wochen Spiegelarbeit hat sich meine Einstellung zu meinem Körper gravierend gewandelt.

Während ich früher immer die Vorstellung von mir hatte, noch schlanker sein zu müssen, kann ich mich heute annehmen wie ich bin, meinen Körper so lieben wie er ist, mit allen Unzulänglichkeiten aber auch mit allen schönen Details, die er besitzt. Das bedeutet nicht, daß ich nun meinen Körper vernachlässige, nach wie vor gehe ich zur Kosmetikerin und betreibe Fitnesstraining. Aber ich laufe nicht länger einem fremden Schönheitsideal hinterher, sondern ich habe die Schönheit in mir entdeckt. Und ich habe entdeckt, daß ich mehr bin als nur mein Körper. In der Zeit des Sitzens vor dem Spiegel kamen mir Bilder über mein Leben, zum Beispiel wie ich als Kind aussah, dann als junger Teenager und als frühe 20jährige, und immer sah ich äußerlich verändert aus, aber immer war ich im Innersten gleich, immer war ich ich selbst, unabhängig von meinem äußeren Erscheinungsbild.

Und es kamen mir Gedanken über mich; wie ich gelebt habe, wie ich versucht habe, über mein Äußeres Eindruck auf andere zu machen, und wie ich mein Äußeres oft nur als Maske, als schöne Larve benutzt habe, um nicht meine wahren Gefühle offenbaren zu müssen. Und es kamen mir Bilder und Gedanken, wie ich mir ein glückliches Leben vorstelle, wie ich selbst gerne leben und sein möchte, Ideen, wie ich wirklich ich selbst sein kann. Mir wurde klar, daß ich die Natur viel mehr liebe als die Stadt, daß mir meine Familie viel wichtiger ist als mein beruflicher Erfolg und daß ich lieber mit Pflanzen und Tieren arbeite als in der Praxis. Heute lebe ich mit meiner Familie auf einem alten Bauernhof. Meinen Beruf als Heilgymnastin kann ich hier ebensogut ausüben wie in der Stadt und zudem kann ich einige Haustiere züchten und mich in Ruhe für die Umweltbewegung engagieren. Im übrigen bin ich für meine Familie da und für mich selbst. Und immer wieder einmal setze ich mich vor den Spiegel, entspanne mich und kontrolliere, ob in meinem Leben alles so ist, wie es meinem innersten Selbst entspricht.«

Um sich selbst bewußt zu werden, braucht es ein ganzheitliches Bewußtmachen Deiner Person. Das heißt, Du mußt Dir über Deine Wünsche und Neigungen hinaus auch Deines Körpers voll bewußt werden. Dazu reicht das Betrachten im Spiegel allein nicht aus.

Wähle Dir daher zusätzlich eine Sportart, die Deinen Neigungen am meisten entspricht. Betreibe sie nicht mit dem Ehrgeiz, Leistungsträger unserer Gesellschaft sein zu müssen, sondern mache den Sport für Dich und Deinen Korper, um Dir Deines Körpers voll bewußt zu werden, Deinen Körper und seine Reaktionen auf Anspannung, Anstrengung und Entspannung der einzelnen Muskelpartien und Körperteile sowie deren Wirkung auf das Ganze kennenzulernen. Betreibe den Sport aus Spaß an Deinem eigenen Körper und beobachte dabei seine Reaktionen, und Du wirst Dich bald noch besser kennenlernen.

Solltest Du an sich sportfeindlich eingestellt sein, dann beginne vielleicht mit Schwimmen, Gymnastik oder leichten Übungen in einem der zahlreichen Fitneßstudios. Es geht lediglich darum, Dich und Deinen Körper besser zu erfahren, und dazu mußt Du schon irgendwelche Körperbewegungen ausführen. Genieße es danach durchaus, Dich in einer Sauna oder einem Schwitzbad von den Körperanstrengungen des Sports wieder zu erholen.

Gerade die gegensätzliche Erfahrung von vorangegangener Körperanspannung und anschließender Körperentspannung wird Dir viel Aufschluß über Deinen Körper und Deine Körperempfindungen geben. Du wirst dabei auch erkennen, um wieviel wohltuender eine körperliche im Vergleich zu einer geistigen Erschöpfung ist, etwa nach einem absolut streßreichen Arbeitstag oder einer gravierenden Auseinandersetzung mit dem Chef oder dem Lebenspartner.

Und schließlich solltest Du eine Entspannungstechnik erlernen, um zum einen den Herausforderungen des hektischen Alltags besser begegnen zu können, aber vor allem, um über den Weg der geistigen Ebene an Dein wahres Selbst vorurteilsfrei und ohne Vorbehalte gelangen zu können, um Dich selbst in Deinem innersten Kern erkennen zu können.

»Sich zu konzentrieren ist in unserer Kultur noch weit schwieriger, wo alles der Konzentrationsfähigkeit entgegenzuwirken scheint ... Tatsächlich bedeutet sich konzentrieren zu können dasselbe, wie mit sich allein sein zu können – und eben diese Fähigkeit ist eine Vorbedingung für die

Fähigkeit zu lieben und sich annehmen zu können wie man ist.« (Erich Fromm: Die Praxis der Liebe, in: Die Psychologie des 20. Jahrhunderts, S.: 175).

Alle die in diesem Zitat angesprochenen Fähigkeiten kannst Du mit einer guten Entspannungsmethode erlernen. Hierzu hat es zu allen Zeiten und in allen Kulturen Entspannungstechniken gegeben, und gerade heute wird im Westen eine überschaubare Zahl von geeigneten Methoden angeboten. Du solltest Dir eine Methode auswählen, die Dir am besten liegt und Deinen Neigungen und Bedürfnissen am meisten entspricht. Ich bin der Überzeugung, daß alle Methoden zum gleichen Ziel führen und nicht der Entspannungssuchende für die jeweilige Methode da zu sein hat, sondern die Entspannungsmethode für den Ruhesuchenden. Wähle Dir daher eine einfache und leicht zu praktizierende Technik, beispielsweise Autogenes Training, Silva Mind oder Yoga und praktiziere sie regelmäßig. Je öfter und regelmäßiger Du Deine Entspannungsübungen machst, um so tiefere Entspannung wirst Du erlangen und um so intensiver wird die geistige Wirkung für Dich sein. Nach einer gewissen Einübungszeit werden Dir in der Entspannung auch neue Ideen, Wünsche und Gedanken über Dich selbst kommen, die Dich zu Dir selbst führen und Dich nach und nach erkennen lassen, wer Du wirklich bist und was Du tatsächlich im Leben erreichen willst. Solltest Du merken, daß Du mit einer Bewegungsentspannung besser klarkommst, dann wähle Dir für den Anfang beispielsweise Thai – Chi oder eine Tanzmeditation. Ist Dir Entspannung verbunden mit Körperübungen wichtig, ist Yoga zu empfehlen. Solltest Du einer auf rein wissenschaftlicher Grundlage erarbeiteten Entspannungsmethode mehr Vertrauen zu schenken bereit sein, dann könntest Du die Silva-Mind-Methode erlernen, deren Kurse mittlerweile in allen Industrieländern und vielen Ländern der Dritten Welt als Alternative zu den fernöstlichen Entspannungspraktiken angeboten werden.

Ich selbst habe vor Jahren, als ich anfing, mich mit Tiefenentspannung zu beschäftigen, mit der Silva-Mind-Methode begonnen. Es ist ein viertägiges Wochenendtraining, in dem man zunächst beigebracht bekommt, wie man innerlich zur Ruhe gelangt. Der nächste Schritt ist zu lernen, wie man mit seinem geistigen Auge visualisiert, das heißt, wie man mit geschlossenen Augen in der Lage ist, sich in Situationen bildlich hineinzuversetzen, so daß man sie im Geiste, wenn auch nicht in der Realität, tatsächlich sieht.

Du kannst beispielsweise damit beginnen, Dir eine leuchtend gelbe Zitrone vorzustellen, vor dunklem Hintergrund, oder eine Orange, oder Karotte. Mit der Zeit werden die visualisierten Gegenstände dann komplexer und Deine Fähigkeiten, Dich auf Deiner geistigen Ebene zu bewegen, werden größer und sicherer.

Die Visualisierungstechnik wiederum ist die Voraussetzung für die Wirksamkeit von positiven Affirmationen, wie z.B.: » Ich akzeptiere mich so wie ich bin« oder »Ich liebe das Leben und das Leben liebt mich«, denn sie sprechen Deine geistige Vorstellungskraft an. Am Ende des Wochenendseminars findet eine beeindruckende Abschlußübung statt, in der Du auf der geistigen Ebene mit anderen Personen kommunizierst.

Eine Kollegin, die mit mir an einem dieser Seminare teilgenommen hat, sagte mir am Ende: »Ich hätte niemals gedacht, daß so viele ungeahnte Fähigkeiten in mir stecken, und ich bin dankbar, eine Entspannungstechnik gefunden zu haben, die sowohl stehend in der U-Bahn als auch direkt neben einem Preßlufthammer funktioniert. Ich weiß jetzt, daß ich zur Ruhe kommen kann, wann immer ich will. Das ist ein fantastisches Gefühl.«

Welche Methode Du auch immer zu erlernen bereit bist, wichtig ist die regelmäßige Anwendung, etwa täglich einbis zweimal, und das mit dem Zweck, sich selbst besser kennenzulernen. Nutzt Du die Entspannung lediglich, um Deine Leistungsfähigkeit im Beruf oder auf dem sportlichen Sektor zu steigern, so wird sie auch hierbei ihren Zweck nicht verfehlen, aber sie wird Dich selbst in Deiner Entwicklung nicht wesentlich weiterführen. Nutzt Du hingegen die Entspannung auch, um in Deine unbewußten Bereiche hineinzuhören, Dich in der Ruhe auf Dich selbst zu besinnen, hinzuspüren, wer Du bist, was Du willst und was Deine Lebensaufgabe sein könnte, so wirst Du gerade dadurch Antworten erhalten, die nirgends sonst so deutlich, wertneutral und ehrlich an Dich herangetragen werden. Denn nur in der Entspannung öffnet sich Dein Unterbewußtes so weit, daß Du einen Blick auf Deinen wahren Kern werfen kannst, mit allem, was dazu gehört.

»Voller Vertrauen, ichlos und ungestört von Angst kann der Meditierende gelassen in seiner Mitte ruhend vollziehen, was er soeben zu tun hat. Er ist in der Kondition, im Besitz der Voraussetzungen dafür, daß ihm das, was er hat, kann und weiß, auch faktisch und im entscheidenden Augenblick zur Verfügung steht.« (Karlfried Graf Dürckheim, Meditation, in: Die Psychologie des 20. Jahrhunderts, S. 485).

Und an anderer Stelle schreibt Graf Dürckheim zum gleichen Thema: »Es ist ein Mißverständnis zu glauben, die Bewahrung meditativer Haltung sei an egozentrisches Nichtstun gebunden. Ob im Tun oder Nichttun, meditativ bleibt das Verhalten des Menschen, so lange er jene Grundeinstellung bewahrt, in der das Offenbarwerden des überweltlichen Seins der Sinn des Augenblickes ist.« (Karlfried Graf Dürckheim, Meditation, in: Die Psychologie des 20. Jahrhunderts, S. 494).

Für das genannte Trainingsprogramm mit Spiegelarbeit, Fitneßübungen und Entspannungstechnik bedarf es schon einiger Monate Zeit, bis sich die ersten spürbaren Erfolge einstellen. Spätestens nach einem halben Jahr wirst Du eine grundlegende Wandlung in Deiner Einstellung zu Dir selbst und zu Deiner näheren Umgebung feststellen. Du wirst dann eher bereit sein, Dich so zu akzeptieren, wie Du bist, wirst Dir selbst großzügiger Fehler verzeihen, und vor allem werden Dir Ideen und Wünsche einfallen, wie Du Dein Leben zufriedener und glücklicher gestalten und besser entfalten kannst. Wenn diese Zeit gekommen sein wird, dann beginne, Deine neuen Ideen und Einfälle aufzuschreiben, eine Art Tagebuch zu führen, damit Dir die neuen Gedanken, die Dir auf Grund Deines nunmehr erweiterten Bewußtseins wie von selbst zufliegen, nicht verlorengehen. Darüber hinaus wirst Du mit der Zeit aus Deinen Aufzeichnungen eine Art Entwicklung zum Positiven feststellen. Auch das hilft Dir auf Deinem Weg zur Selbsterkenntnis weiter.

Wenn Du kein großer Freund des Schreibens bist, dann genügen ein paar wichtige Stichworte und diese auch nur an solchen Tagen, an denen Du das intensive Gefühl hast, heute etwas Neues gedacht, etwas Außergewöhnliches erlebt oder eine Erweiterung Deiner Vorstellungswelt und Vorstellungskraft erreicht zu haben; oder eben einfach, wenn Du der Meinung bist, eine gute Idee gehabt zu haben, die im Eifer der alltäglichen Arbeit nicht verloren gehen soll und es für Dich wert erscheint, sie niederzuschreiben. Mit der Zeit wird sich dieses »Tagebuch der Ideen« füllen und Du wirst überrascht sein, wie viele gute Ideen und Einfälle Du hast, die bisher keine weitere Beachtung gefunden haben oder einfach im Routinealltag wieder verlorengingen, vergessen wurden, eben umsonst gedacht worden sind.

Ein Freund von mir, der im leitenden Management eines internationalen Großkonzerns tätig ist, praktiziert dieses Ideentagebuch seit Jahren mit Erfolg. »Irgendwann habe ich gemerkt, daß immer die besten Ideen im Laufe eines Tages durch die üblicherweise vorherrschende Hektik und Betriebsamkeit im Büro einfach verlorengehen. Da habe ich mich entschlossen, immer ein kalendergroßes Büchlein bei mir zu tragen und jede neue Idee, sei es für ein neues Produktionsverfahren in der Firma, sei es für die Geburtstagsparty meiner Frau, in dieses Buch zu schreiben. Ein- bis zweimal in der Woche werte ich diese Notizen aus. So fühle ich mich sicher, daß nichts von meinen Ideen verlorengeht, und gleichzeitig habe ich eine phantastische Entdekkung gemacht. Denn ganz automatisch habe ich in dieses Buch auch außergewöhnliche Zufälle reingeschrieben, wie z.B: wenn einer meiner Mitarbeiter unabhängig von mir zum gleichen Problem exakt den gleichen Lösungsvorschlag hatte oder ich gerade an meine Tante Mary in Chicago denken mußte und sie in diesem Moment anrief. Und ich habe mir meine wichtigen Wünsche notiert, wie etwa:

endlich einmal wieder ein ganzes Wochenende nur mit meiner Frau zusammenzusein oder mit meinem Sohn einmal wieder eine Bergtour zu machen. Gerade diese privaten Wünsche wären früher in der Hektik des Alltags untergegangen, es wären bloße Wunschträume geblieben.

Heute aber, indem ich diese Wünsche niederschreibe, manifestiere ich sie sozusagen in der Realität, und ich erinnere mich sofort wieder an sie bei der wöchentlichen Auswertung meiner Notizen. Dann setze ich sie auch in die Realität um, das bedeutet, ich mache sofort einen Termin fest, an dem ich mir dann nur Zeit für meinen Sohn oder meine Frau nehme. Es ist, als ob ich ein anderes Bewußtsein gegenüber meinen Wünschen und Bedürfnissen bekommen habe, seit ich dieses Ideentagebuch führe.

Und ich habe entdeckt, daß in mir Ideen stecken, die ich so niemals geäußert hätte, die aber über ein Stichwort in meinem Tagebuch weiterentwickelt und zu Lösungsentwürfen reifen, für Probleme, die ich früher nicht zu lösen für möglich gehalten habe. Es ist, als ob ich allein durch das Notieren meiner Ideen ein zusätzliches unbewußtes Ideenreservoir anzapfen würde, das mir zuvor auf herkömmliche Weise nicht offenstand; als ob die Ideen zuvor geahnt hätten, daß sie sowieso nicht beachtet und wieder in der Vergessenheit verschwunden wären und deshalb erst gar nicht gedacht werden wollten.«

Dieses Erkennen, daß in Dir ungeahnte Ideen und Kräfte schlummern, die Du nur zu wecken bereit sein mußt, wird schließlich dazu führen, daß Dein Selbst-Bewußtsein stärker wird. Mehr und mehr wird dieser wiedergewonnene Einfallsreichtum auch in Deinen Alltag einfließen. Du wirst Probleme kreativer angehen, Deine Freizeit einfallsreicher und abwechslungsreicher gestalten und zunehmend allein dadurch eine größere Lebensqualität erreichen; und Du wirst mehr und mehr darauf achten, daß die Ideen und Vorschläge, die Du aufgreifst, um sie in Deinem Leben umzusetzen, Dir selbst entsprechen und zu Deiner Verwirklichung tatsächlich beitragen.

## 2. Erkenne, welche Wünsche, Neigungen und Abneigungen Du hast

Wenn Du die vorstehend beschriebenen Übungen der Spiegelarbeit, des Körpertrainings und der Entspannungsübungen konsequent über mehrere Monate durchgeführt hast, wirst Du Dir selbst und Deinen Wünschen, Neigungen und Abneigungen gegenüber offener sein. Du wirst bereit sein, auf Dich selbst zu hören und weniger auf die Beeinflussungen von außen, von Deinem Chef, von Deinen Freunden und Deiner Familie, die Dir nie selbstlos Ratschläge erteilen, sondern, zumindest aus ihrer einseitigen Sichtposition heraus, einen von ihnen favorisierten Vorschlag durchzusetzen versuchen, ohne Rücksicht auf Deine wahren Bedürfnisse, die sie vielfach auch gar nicht kennen.

Dann ist es an der Zeit, Dich auf Deine eigenen Wünsche und Lebensvorstellungen zu konzentrieren und sie Dir bewußtzumachen. Eine einfache Übung hierzu ist das sogenannte »Brainstorming«.

• Setze Dich einmal in der Woche an einem festen Wochentag zu möglichst der gleichen Stunde in Ruhe an einen gemütlichen Ort und nimm Dir ein Blatt Papier, das Du in der Mitte mit einem Längsstrich in zwei Hälften unterteilst.

• Schreibe Dir nun auf die linke Seite alle Wünsche und Träume, die Du momentan hast und auf die rechte Seite alle Abneigungen und all die Dinge, die Du in Deinem künftigen Leben meiden oder vermeiden willst.

• Wiederhole das drei bis vier Wochen und vergleiche die Liste jeweils mit den Listen der Vorwochen, ob Dir zusätzlich etwas Wünschenswertes eingefallen ist oder andere Wünsche sich bereits wieder überholt haben.

• Nach ungefähr einem Monat, wenn Du merkst, daß keine nennenswerten *neuen* Wünsche und Abneigungen auf Deinen Listen erscheinen, nimm Dir eine Stunde Zeit und sortiere die vorhandenen Listen.

• Stelle zunächst auf der Seite der Wünsche und Träume alle Wünsche zusammen, die Du kurzfristig zu realisieren hoffst, die also in der nächsten Woche oder im nächsten Monat in Erfüllung gehen sollen.

• Darunter die mittelfristigen Wünsche, die Du hoffst, in ein bis fünf Jahren erfüllen zu können, und schließlich die langfristigen Vorstellungen und Erwartungen für Dein Leben.

• Sortiere die Wunschliste nun nochmals in die Wünsche, die auf rein materielle Dinge ausgerichtet sind, etwa ein größeres Auto, eine schönere Wohnung oder ein geräumigeres Haus. Schreibe diese wieder oben hin.

• Des weiteren die Wünsche, die auf konkrete Fähigkeiten oder Situationen gerichtet sind, wie eine bestimmte Sportart zu erlernen oder ein besseres Verhältnis zu Deinem Chef zu bekommen. Schreibe diese Wünsche darunter.

• Hierunter schreibe alle Wünsche und Träume, die auf rein abstrakte Dinge ausgerichtet sind, wie etwa der Wunsch nach Zufriedenheit, nach innerem Frieden, nach Liebe, Zuneigung, Wärme und Geborgenheit.

Nach dem gleichen Prinzip ordnest Du die rechte Seite der Liste, also die Aufzählung Deiner Abneigungen. Obenan die Abneigungen, die Du in naher Zukunft vermeiden willst, dann die mittelfristigen und schließlich die langfristigen. Dann ordne die Auflistung nochmals in einen materiellen Teil, welche Geschäfte Du beispielsweise keinesfalls mehr durchzuführen bereit bist, einen Teil, der konkrete Fähigkeiten oder Situationen von Dir anbelangt, etwa Dir das Rauchen abgewöhnen zu wollen, eine Partnerschaft oder Freundschaft, die kraftlos geworden ist, endlich aufzulösen oder einfach Deinem Chef einmal so richtig ohne schlechtes Gewissen die Meinung zu sagen. Und schließlich in einen rein abstrakten Teil, wo Du Eigenschaften einordnest, die Du unbedingt meiden möchtest, wie etwa Einsamkeit, Behindertsein, Angst, Trauer und ähnliches.

Die nächste Aufgabe besteht nun darin, Deine geordnete Gesamtliste danach zu durchforsten, welche Wünsche und Abneigungen wirklich Deine eigenen Vorlieben, Sehnsüchte und Abneigungen widerspiegeln und welche lediglich gesellschaftsbedingt, von Deiner Erziehung, Deinen Freunden, Arbeitskollegen und Lebenspartnern derart intensiv an Dich herangetragen werden, daß Du sie als eigene Vorstellungen und Wünsche übernommen hast, obwohl Du – unterbewußt – eigentlich ganz andere Zielvorstellungen und Neigungen hast, mit denen Du Dich voll entfalten könntest. Es kommt hier also darauf an, herauszufinden, ob Du bereit bist, Dein eigenes Leben zu leben, oder das

Deiner Eltern, Deiner Lehrer oder Deines Lebenspartners, mit all ihren Wertvorstellungen, Wünschen und Träumen.

Dazu gehört es, eine eigene innere Freiheit von Bevormundung und Fremdbestimmung auch im unbewußten Bereich zu entwickeln.

John Eccles schreibt: »Es ist unsere entschiedenste Anstrengung wert, zu verstehen, was Freiheit ist ... Die Freiheit, die wirklich zählt, ist die Freiheit des Wissens, die Gedanken- Meinungs- und Diskussionsfreiheit. Eine solche Freiheit begrenzt die Freiheit anderer nicht und es besteht kein Zweifel, daß sie fundamental ist. Aber genauso, wie die Freiheit des Wissens, wollen wir auch eine Handlungsfreiheit. Die Freiheit mit eigener Kraft das Beste aus unserem Leben zu machen, uns zu Persönlichkeiten zu entwikkeln, unsere Talente voll auszunutzen, nach unseren eigenen Idealen zu leben und unser eigenes Schicksal zu bestimmen.« (John C. Eccles, Gehirn und Seele, S. 181/182).

Gerade deshalb ist eine sorgfältige Prüfung hier von besonderer Bedeutung. Nimm Dir daher jeden Tag einen Wunsch und eine Abneigung der Reihe nach von oben herab vor. Präge sie in Deine Vorstellung ein und nehme sie Dir als Leitmotiv für diesen einen Tag und betrachte alles, was Du an diesem Tage denkst, tust oder zu tun unterläßt, unter dieser gewählten Wunschvorstellung und Abneigung.

Schau Dir Deine Mitmenschen unter diesem Aspekt an. Prüfe vor allem bei Abneigungen, wenn Du etwa Angeber oder hochmütige Menschen ablehnst, ob die Eigenschaft in Dir tatsächlich solch große Ablehnung hervorruft, oder ob sich nicht auch Mitleid und Verständnis bei Dir regen kann, wenn Du versuchst zu erkennen, daß die an den Tag gelegte Angeberei oder der gelebte Hochmut lediglich dazu dienen, Unsicherheit und Ängste oder gar Schwächen zu überdecken.

Versuche, den Dingen auf den Grund zu gehen; überprüfe jeweils einen Tag lang einen Wunsch bzw. eine bestehende Abneigung und am Ende des Tages nimm Dir noch einen Augenblick Zeit und denke darüber nach, ob Dein Wunsch, nachdem Du ihn im Tagesablauf bei den alltäglichen Verrichtungen überprüft hast, Dir noch so wichtig ist wie zuvor und ob die Abneigung, die Du für eine Sache oder eine Verhaltensweise empfunden hast, noch mit gleicher Intensität vorhanden ist.

Solltest Du dabei das Gefühl haben, Wunsch und Abneigung seien doch nicht so bedeutend für Dich, wie Du es vielleicht zu Anfang erwartet hattest und nicht mehr länger wert, auf Deiner Wunschliste zu stehen, dann streiche sie einfach.

Solltest Du später das Gefühl haben, daß sie doch auch weiterhin für Dich von Wichtigkeit bleiben, kannst Du sie ja wieder neu in Deine Liste aufnehmen, der von Dir durchgestrichene Begriff bleibt ja auf der Liste bekannt und geht Dir allein durch das Durchstreichen noch nicht verloren.

Wenn Du nach dem Kontrolltag verspürst, daß Wunsch und Abneigung eine ganz außerordentliche Bedeutung für Dich und Deinen Lebensalltag haben, wenn Du etwa merkst, daß Du glücklicher und zufriedener bist und die Alltagsprobleme lockerer angehen kannst, wenn Du an die Erfüllung Deines Wunsches denkst; wenn Du spürst, daß mit der Erfüllung Deines Wunsches Dein Leben ein ganzes Stück einfacher zu handhaben ist, dann hake den Wunsch am Ende des Tages auf Deiner Liste ab. Und wenn er Dir ganz besonders wichtig erscheint, dann unterstreiche ihn zusätzlich mit einem roten Stift.

Verfahre in gleicher Weise mit Deinen Abneigungen. Wenn Du merkst, daß das Ausleben einer Abneigung Dir guttut, doch deren Unterdrücken oder Verleugnen kräfteaufzehrend wirkt, dann hake auch diese ab. Unterstreiche sie zusätzlich, wenn es für Dich ein ganz bedeutender Punkt zu sein scheint.

Mit der Zeit wird Deine Wunschliste dann auf einige Dir wirklich wichtige Punkte zusammenschrumpfen. Diese Punkte halte Dir dann in jeder bedeutenden Lebenssituation in Erinnerung und versuche, sie in Dein Leben einzubauen. Dann wirst Du Deine Lebensentscheidungen und wichtigen Entschlüsse nach und nach auf diese Deine ureigensten Wünsche und Hoffnungen ausrichten und schließlich ein Dir entsprechendes authentisches Leben führen.

Scheue Dich nicht, diese Wunschliste um neue Punkte zu erweitern, wenn sie Dir wichtig werden, aber prüfe stets, ob sie nur einem momentanen oder von außen an Dich herangetragenen Impuls entsprechen oder ob es Deine ureigensten, innersten Wünsche und Vorstellungen sind. Wenn im Laufe der Zeit ein Wunsch seine Bedeutung für Dich verlieren sollte, dann scheue Dich nicht, ihn kurzerhand von der Wunschliste zu streichen, er hat sich dann einfach überlebt.

Durch das zu Beginn erfolgte Ordnen der Liste in kurzfristige und langfristige sowie materielle und ideelle Wünsche hast Du gleichzeitig eine Vorgabe, in welcher Reihenfolge Du an die tatsächliche Umsetzung dieser Wünsche im täglichen Leben herangehen kannst. Gleichzeitig wird Dir dabei auffallen, daß nicht wenige kurzfristige und auf materielle Dinge gerichtete Wünsche dem Erreichen Deiner ideellen, mittel- oder langfristig ausgestalteten Ziele eher im Wege stehen als ihr Erreichen zu fördern. So kann der kurzfristig angelegte Wunsch nach einem großen, aber viel zu teuren Auto etwa den gleichzeitig als mittelfristig angelegten Wunsch nach Zufriedenheit zunächst unerreichbar werden lassen, da das über die eigenen finanziellen Verhältnisse erworbene Fahrzeug an Inspektionen und Reparaturaufwand auch fortlaufend einen viel zu großen Anteil am monatlich zur Verfügung stehenden Finanzvolumen in Anspruch nimmt und dadurch die Lebensqualität auf anderen Gebieten zwangsläufig, wie etwa bei den Möglichkeiten der Freizeitgestaltung und Erholung, eingeschränkt wird, worauf die Unzufriedenheit in diesen Lebensbereichen wächst.

Das Ordnen der Liste kann dann ein ums andere Mal dazu führen, daß Du auf einen kurzfristig ausgerichteten Wunsch oder ein materielles Ziel gerne freiwillig verzichtest, um einen anderen Dir mittlerweile wichtiger erscheinenden Wunsch nicht zu gefährden. Dieser Verzicht wird Dir um so leichter fallen, als Dir der andere Wunsch, den Du durch den Verzicht beschleunigt erreichen willst, besonders am Herzen liegt, ja lebensnotwendig erscheint. Nach und nach wird sich damit Deine Liste auf ein paar wenige aber für Dich und Dein Leben essentiell bedeutsame Wünsche reduzieren. Diese Kernwünsche werden dann Deinem wahren Selbst entsprechen. Sie auszuleben und zu realisieren solltest Du dann Dein ganzes weiteres Handeln und Streben widmen. Denn sie entsprechen Dir, wie Du wirklich bist und wie Du wirklich leben willst.

Ein beeindruckendes Beispiel, wie sich das Leben zum Positiven ändert, wenn man sich seiner eigenen Ziele bewußt wird, habe ich bei einem guten Bekannten erlebt: Klaus war ein wahrer Lebemann, als ich ihn kennenlernte. Er hatte Geld, sah überdurchschnittlich gut aus, war sportlich, redegewandt und charmant. Kurzum, er hatte nach herkömmlicher Betrachtung alle Voraussetzungen für ein positiv gestaltetes Leben. Aber Klaus lebte ziellos in den Tag hinein. Er ging keiner geregelten Arbeit nach, verschlief den halben Tag und trieb sich nachts in Bars und Nachtclubs herum. Er verspielte sein Geld in Spielbanken und privaten Spielclubs, und weil er bei der ganzen Sache überhaupt nicht glücklich war, begann er Drogen zu nehmen und zu trinken.

Wenn man seine Lebensweise in einem Satz zusammenfassen wollte, so könnte man sagen, daß er seine Chancen im Leben nicht zu nutzen wußte, er sein Leben im wahrsten Sinne des Wortes verspielte. Er war auf dem Weg, immer tiefer abzurutschen und sowohl seine finanziellen Reserven als auch seine Gesundheit zu ruinieren. In dieser Situation überredete ihn eine Freundin, an einem Seminar für Tiefenentspannung teilzunehmen, wo ich Klaus traf. Wir redeten lange über seine Lebenssituation und Klaus entschloß sich schließlich, die eben geschilderten Brainstormingmethoden für sich anzuwenden und sich zusätzlich ein ideelles Lebensziel zu suchen, einfach zu probieren, ob sich in seinem Leben dadurch etwas wandeln könnte. Einige Monate später traf ich ihn wieder und war verblüfft, wie in so kurzer Zeit eine so tiefgreifende Wandlung stattfinden konnte.

Klaus hatte sich entschlossen – nicht zuletzt aus eigener

Betroffenheit heraus – sich der Hilfe von Suchtkranken und Suchtgefährdeten zu widmen und deren Rehabilitierung in der Gesellschaft zu fördern. Zunächst schloß er sich selbst einer Suchthilfegruppe an, um seine eigene Gefährdung durch Glücksspiel, Drogen und Alkohol zu bekämpfen. Gleichzeitig begann er, selbst dort mitzuarbeiten, und die Arbeit mit schwer suchtgeschädigten Menschen machte ihm recht schnell klar, wie sinnlos er seine letzten Jahre verbracht hatte. Mit der regelmäßigen Arbeit in der Selbsthilfegruppe begann er auch wieder einen geregelten Arbeitsrhythmus für sich selbst aufzubauen und er gewann wieder Interesse an seinem abgebrochenen Medizinstudium, das er schließlich wiederaufnahm.

Heute, ein paar Jahre später, ist er approbierter Mediziner, hat sein Vermögen in den Aufbau einer psychosomatischen Suchtklinik gesteckt, wo er selbst mitarbeitet und wo über die medizinische Betreuung hinaus den Patienten über intensive Kontakte zu Sozialstellen und privaten Selbsthilfegruppen Perspektiven für die Zukunft geboten werden. Klaus selbst ist jetzt mit seinem Leben zufrieden.

»Nicht einmal in erster Linie weil ich anderen Menschen sinnvoll helfen kann, fühle ich mich jetzt sehr glücklich, das ist nur eine, wenn auch wichtige Komponente meines Lebens. Aber ich habe über diese Arbeit selbst Halt für mich gefunden. Ich habe jetzt einen Beruf, der mich erfüllt, eine gewisse wirtschaftliche und soziale Absicherung erreicht und vor allem fühle ich mich in ein Netz von Freundschaften, Bekanntschaften und beruflichen Verbindungen eingebunden, das mein Leben trägt und mich vor einem Abrutschen in ein neuerliches eigenes Chaos bewahrt. Das ist es, was meine Sicherheit, Zufriedenheit und mein Glück ausmacht. Ich hätte nie gedacht, daß sich die schlichte Wahl eines ideellen Lebensziels so positiv auf mein Leben auswirken könnte.«

## 3. Suche Dir ein ideelles Ziel, das Deinen persönlichen Neigungen und Fähigkeiten am deutlichsten entspricht

Wie bereits in der Einleitung zu diesem Kapitel erwähnt, ist es von entscheidender Bedeutung für das persönliche Lebensglück, sich ein ideelles Ziel für sein Leben zu wählen, das gleichsam als Leitfaden die Lebensweise und die Ausgestaltung der einzelnen Lebensabschnitte wesentlich mitbestimmt und dem Leben auch in Phasen der Enttäuschungen, in Zeiten mit Rückschlägen und persönlichen Fehlschlägen einen Sinn gibt, eine Aufgabe eben, die noch zu verwirklichen bleibt.

Der Vorteil eines ideellen Zieles ist es, daß es stets verwirklicht werden, stets gelebt und vorgelebt werden muß, daß man es nicht, wie in der modernen Wohlstandsgesellschaft üblich geworden, einfach in den Schrank oder das Regal stellen kann und sich selbst und jedem anderen zeigen kann: »Dort steht das Streben meines Lebens, nun habe ich es, horte es und brauche sonst nichts weiter zu tun.«

Genau diese Art der Realisierung von Wohlstandszielen oder des Erreichens von Statussymbolen führt zu Wohlstandsfrust. Entweder man fühlt sein Ziel mit dem Erlangten tatsächlich erreicht, dann fehlt es am Sinn und der Aufgabe für das weitere Leben und man wird satt, träge, antriebsarm und spürt das Dasein am Ende nur noch als überflüssige Belastung. Oder man füllt diese Leere mit »neuen« vordergründigen Zielen, man will immer mehr und mehr und jagt damit einer Glücksvorstellung nach, die man nicht erreichen kann, weil im Moment des Erreichens der Wunsch, der einen bislang beherrschte, wie eine Seifenblase zerplatzt, das angestrebte »Spielzeug« nicht mehr interessant ist, sobald man es bekommen hat. Es wird dann in die Ecke zu den anderen Errungenschaften, die man sich mühsam erarbeitet hat, gelegt und damit hat es sich.

Ich kenne jemanden, der ein begeisterter Autoliebhaber ist und sich fast alle zwei Monate ein neues, größeres und schöneres Auto kauft. In der ersten Woche ist das »neue Auto« das Schönste auf der Welt. Er ist stolz und glücklich, Besitzer genau dieses wundervollen Wagens zu sein. In der zweiten Woche nach dem Erwerb stellt er technische Details fest, die er sich eigentlich anders gewünscht hätte, und die Schönheit des Wagens beginnt zu verblassen. Spätestens nach einem Monat ist das Auto uninteressant geworden, es hat seine Faszination für ihn verloren. Dann zögert er etwas, weil er selbst spürt, wie unsinnig es ist, sich in derart kurzen Abständen ein neues Auto zuzulegen, aber seine Unzufriedenheit wächst und wächst. Spätestens nach zwei Monaten ist das Maß voll, das »alte Auto« wird – nicht selten mit finanziellem Verlust – abgestoßen und das neue »Traumauto« erworben, das zwei Monate später wieder das gleiche Schicksal erleidet.

So wie in diesem recht krassen Beispiel ergeht es vielen Menschen, die ohne ideelles Ziel leben. Sie spüren, daß in ihrem Leben etwas fehlt. Sie versuchen, diese Leere mit wertvollen Dingen zu füllen, mit Äußerlichkeiten, mit Statussymbolen, ja oft sogar mit hohen angesehenen sozialen Positionen in der Gesellschaft; aber die Leere bleibt. Die Frage nach dem Sinn Deines persönlichen Lebens kann nicht mit Luxusautos, Traumurlauben oder sozialem Prestige beantwortet werden. Die Antwort liegt in Dir allein und Dein Leben hat gerade so viel Sinn, wie Du bereit bist, ihm zu geben.

Wähle Dir daher ein ideelles Ziel als Leitfaden für Dein Leben. Gehe dabei nach der gleichen Methode wie in Abschnitt zwei dieses Kapitels vor.

• Mache Dir eine Liste von Idealen, die es Deiner Meinung nach hier und heute zu verwirklichen gilt.

• Prüfe wiederum jeden einzelnen Punkt auf dieser Deiner Liste danach, inwieweit er Dein eigener Wunsch, Dein eigener Gedanke ist oder ob er Dir nur durch Dritte angetragen, interessant gemacht oder in den Mund gelegt wurde.

• Diese Prüfung ist ganz besonders wichtig, denn das schließlich gefundene Ideal soll zu einem künftigen Leitmotiv Deines Lebens werden, und damit dieses Leben glücklich wird, muß es Deine Idee, Dein Wunsch, Dein Wille, Dein Ideal sein. Denn nur dafür wirst Du wirklich bereit sein, Dich bedingungslos einzusetzen und bei diesem Einsatz Befriedigung und Glück finden, selbst wenn die Verwirklichung dieses Ideals manches Mal nicht einfach für Dich sein wird.

• Prüfe also jeden Begriff sorgfältig.

• Wähle einen Begriff als Leitmotiv für wenigstens eine Woche und wenn Du Dir nach einer Woche noch nicht sicher bist, verlängere die Prüfungszeit so lange, bis Du den Punkt von der Liste zu streichen bereit bist, oder ihn sicher auf der Liste stehen lassen kannst oder gar zu unterstreichen bereit bist.

• Führe diese Auswahl so lange weiter, bis nur noch ein Begriff auf der Liste übrigbleibt – *Deine ideelle Lebensaufgabe.*

Aber wirf die Liste nicht weg. Vielleicht merkst Du im Laufe der konkreten Vorgehensweisen und Planungen, daß Du Dir dieses Ziels noch nicht so sicher bist, dann kannst Du auf die Liste mit den übrigen Begriffen zurückgreifen und überprüfen, ob Dein erwähltes Ziel gegenüber den anderen aufgelisteten Zielen als Dein vorrangiges Ziel standhält oder ob nicht doch ein anderes Ziel gleichwertig bedeutend für Dich ist und eine neue Entscheidung zwischen beiden getroffen werden muß.

Aber entscheide Dich stets für nur ein Ziel, auch wenn es Dir schwerfallen sollte, eine andere Aufgabe hintenanstehen zu lassen. Es geht um Deinen künftigen Lebensweg und der kann nur einen Pfad entlangführen; Du kannst nicht auf zwei Wegen gleichzeitig überzeugend wandern. Das heißt aber nicht, daß Du die anderen Ideen aus Deinem Gedächtnis vollständig verdrängen oder streichen sollst. Im Falle einer von Dir getroffenen Entscheidung kannst Du selbstverständlich die anderen Ideale weiterhin unterstützen und fördern, solange sie auf dem Weg zu Deinem ideellen Lebensziel liegen und Dich von Deinem eigentlichen Ziel nicht abbringen.

Ein Freund von mir hat sich die Bekämpfung der Armut in der Dritten Welt zum Ziel gesetzt. Im Rahmen dieses Zieles arbeitet er an einem Entwicklungshilfeprojekt mit, das die Renaturierung von verwüsteten Ackerflächen und die Errichtung dafür notwendiger Bewässerungsanlagen beinhaltet. Bei der Realisierung dieses Projekts kam er natürlich auch mit den dort vorherrschenden typischen Problemen in Berührung wie Korruption, Folter von gesellschaftspolitisch Andersdenkenden und Minderheiten oder der Mißhandlung von Kindern und Frauen.

Selbstverständlich versuchte er auch hier zu helfen. Aber er erkannte recht schnell, daß seine Hilfe wie in ein Faß ohne Boden versickerte, wenn er sich nicht auf ganz bestimmte, ihm besonders wichtig erscheinende Fälle beschränkte. »Die Menschen hier in Afrika sind sehr einfühlsam, wenn sie einmal Vertrauen in die Aufrichtigkeit einer Person gefaßt haben, dann bringen sie auch alle Freunde und Bekannte zu Dir, denen ähnliche Ungerechtigkeiten widerfahren sind wie ihnen selbst.

Als ich mich also dem Problem der Folter zuwandte, hatte ich schnell an die hundert Fälle dokumentiert, die es zu klären und zu bearbeiten galt, bei dem Thema Korruption sah das nicht anders aus. Zudem stoppte die Bezirksregierung vor Ort umgehend unser Entwicklungshilfeprojekt, als bekannt wurde, daß wir die Korruption im Lande anprangern wollten.

So schwer mir das dann auch fiel, ich mußte einfach Prioritäten setzen. Um unser Entwicklungshilfeprojekt und damit die wirtschaftliche Förderung der verarmten Bauern in diesem Gebiet nicht zu gefährden, mußten wir auf unsere Anti-Korruptionskampagne verzichten und konnten das Folterproblem nicht an die große Glocke hängen.

Statt dessen erreichten wir im Stillen durch zähe Verhandlungen die Absetzung des alten Polizeichefs und die Ernennung eines Nachfolgers aus der hiesigen Region, der schon auf Grund der stammesmäßigen und persönlichen Verbundenheit mit den hier lebenden Menschen die Rechte von Inhaftierten und Minderheiten nun korrekter zu beachten bereit ist. Natürlich helfe ich nach wie vor jedem, dem ich kann, aber Vorrang hat mein Projekt zur Verhinderung der Armut. Ich werde es nie wieder aus den Augen verlieren, was ich auch immer tue.«

Das erwähnte Beispiel zeigt deutlich, wie schwierig das Leben werden kann, wenn man nicht in der Lage ist, Prioritäten zu setzen, so schwer es einem auch manchmal fallen mag. Und das Bekennen zu einem ideellen Ziel allein schließt ja nicht grundsätzlich aus, auf dem Weg zu seinem Ziel auch andere Probleme mit einzubeziehen.

Hast Du Dich beispielsweise für den Kinderschutz entschieden, etwa den Schutz von Kindern vor Gewalt oder Mißbrauch, dann kannst Du etwa auch dem Ziel der Förderung alter Menschen dienen, indem Du versuchst, einsame alte Menschen als Aufsichtspersonen für alleingelassene Kinder zu gewinnen, etwa im Rahmen eines Fördervereins oder einer Begegnungsstätte. Oder Du kannst das ideelle Ziel der sozialen Gerechtigkeit dadurch mitfördern, daß Du Vereine und Stiftungen zu organisieren hilfst, die sozial schwachen Kindern aus Problemfamilien schulische, finanzielle und emotionale Hilfe zukommen lassen.

Wenn Du Dich dem Ideal des Umweltschutzes und der Bewahrung der unberührten Natur verschrieben hast, dann kannst Du das Ziel der sozialen Gerechtigkeit dadurch mitverfolgen, daß Du etwa bei der Lösung der Müllproblematik oder der Erschließung umweltfreundlicher Energiequellen die Kosten nach dem Verursacher- bzw. Verbraucherprinzip zu verteilen hilfst, statt Mengenrabatte für Großverbraucher und Großverursacher zuzulassen oder Ländern der Dritten Welt soziale und finanzielle Unterstützung zukommen zu lassen, im Gegenzuge zu Schutzgarantien für den Bestand der natürlichen Urwälder.

Und wenn Du das Ideal des Pazifismus – als umfassende Friedensliebe – gewählt hast, kannst Du auch die Ideale der Sozialen Gerechtigkeit, des Schutzes von Minderheiten, Alten und Schwachen und dem Bestandschutz demokratischer Grundwerte mitverfolgen, denn auch der soziale Friede zwischen Bevölkerungsgruppen innerhalb eines Staatenverbundes dient der Förderung von Pazifismus.

Aber wie Du Dich auch entscheidest, Dein Hauptziel muß Dir immer vor Augen bleiben, Dein Hauptweg klar überschaubar sein und nicht durch Nebenpfade anderer Idealvorstellungen verschlungen und abwegig geraten.

Letztlich ist es egal, welchem Ziel Du Dich verschreibst, ob der Nächstenliebe, der Hilfe für Arme und Behinderte, der Förderung von Kindern und Jugendlichen, der Alten- oder Krankenpflege, der sozialen Gerechtigkeit, des Friedens, der Hilfe für politische Gefangene, den Problemen der Dritten Welt, des Umweltschutzes, der Völkerverständigung oder der Integration von Fremden und Minderheiten in die Gesellschaft. Es wird Dich mehr und mehr zu Glück und Zufriedenheit führen, zu einem ausgefüllten, aufgabenreichen und sinnvollen Leben. Auch und gerade in für Dich schwierigen Zeiten wird dann dieses Ziel ein Licht für Dich sein, ein Leitfaden, der Dich sicher über dunkle Pfade und durch Untiefen führt und Dir Halt und Hoffnung gibt.

Wenn Du Dein von Dir gewähltes Ziel als Deine Dir eigene Aufgabe wirklich vollkommen annimmst und liebst, dann wirst Du wie ein Löwe für die Verwirklichung kämpfen, Dich einsetzen, engagieren und neue Wege und Möglichkeiten zum Erreichen des Zieles finden. Und da es Dein ureigenstes Ziel ist, setzt Du Dich gleichzeitig wie ein Löwe für Dich selbst, für Dein Lebensglück ein. Hieraus wird Dir Zufriedenheit und Erfüllung erwachsen. Dein Leben wird sinnerfüllt und authentisch werden.

Glaube nicht, daß Du als einzelner nicht eine ganze Menge zur Verwirklichung ideeller Ziele beitragen kannst. Gruppen wie Greenpeace oder BUND haben im Umweltschutzbereich durch teils spektakuläre Einsätze hinreichend bewiesen, wie durch engagierten persönlichen Einsatz Situationen und Verhaltensweisen zum Positiven verändert werden können. Schon lange seilen sich Greenpeace-Aktivisten von Industrieschornsteinen oder Brücken ab, kreuzen in Schlauchbooten vor Walfangschiffen oder Atomfrachtern und versuchen durch ihre bloße Anwesenheit, Atomtests zu verhindern. Und die Erfolge ihres Handelns bleiben ihnen nicht verwehrt.

Die Verklappung von Dünnsäure in der Nordsee wurde vor einigen Jahren gestoppt, das Abfackeln von Ölrückständen auf hoher See wurde inzwischen international verboten und die von Shell geplante Versenkung der Ölplattform Brant-Spar konnte verhindert werden. Schließlich geht auch der zumindest teilweise Verzicht der Franzosen auf neue Atomtests im Pazifik zum nicht unerheblichem Teil auf den konsequenten Widerstand der Umweltaktivisten zurück, die die Weltöffentlichkeit erst richtig mobilisiert haben. Und Amnesty International rettet, teils durch riskanten persönlichen Einsatz seiner Mitarbeiter, jährlich Hunderten von politischen Gefangenen auf der ganzen Welt Leben und körperliche Unversehrtheit.

Das mögen recht spektakuläre Beispiele sein, doch sie sind wichtig, um aufzuzeigen, daß jeder Einsatz für ein ideelles Ziel Bedeutung hat, egal wie klein er zu sein scheint, denn es ist wie ein Mosaik, das aus vielen Tausend winzigen Steinchen zusammengesetzt ist. Jedes Steinchen für sich allein scheint recht unbedeutend und glanzlos zu sein, aber alle zusammen ergeben ein glanzvolles Kunstwerk, das ohne den Beitrag jedes einzelnen Gliedes in der Kette nicht zu realisieren wäre.

Ein eindrucksvolles Beispiel, wie ein kleiner Kreis engagierter Menschen eine ganze Lawine ins Rollen bringen kann, ist der Umweltschutzgedanke in der Bundesrepublik. Ein an sich selbstverständlicher Gedanke, nämlich die Umwelt, die wir selbst zum Leben und Überleben brauchen, nicht zu zerstören, war im Laufe der Industrialisierung in den westlichen Industriestaaten einfach in Vergessenheit geraten.

Als Anfang der siebziger Jahre einige wenige diese Idee wieder in das allgemeine Bewußtsein zu bringen versuchten, wurden sie zunächst als Spinner und politisch Radikale zur Randgruppe abgestempelt und von der Mehrheit der Bevölkerung als zur Bedeutungslosigkeit Verurteilte abgetan.

Heute ist der Umweltschutzgedanke in einer Vielzahl von Landesverfassungen verankert, zu einem festen Bestandteil im Bewußtsein der Bevölkerung geworden und allwöchentlich steht jetzt ein ganzes Volk vor seinen Mülltonnen und sortiert – nun teilweise übereifrig – seinen Abfall in die verschiedensten Bestandteile zur besseren Wiederverwertung, wehrt sich gegen neue Flußbegradigungen und Industrieansiedlungen und beobachtet jeden widernatürlichen Eingriff in die Natur kritisch und argwöhnisch. Einige wenige überzeugte Umweltschützer haben es mithin geschafft, das Bewußtsein einer ganzen Nation zu verändern und die Kritikfähigkeit der Bevölkerung zu schärfen.

Als weiteres Beispiel könnte die Pazifismusbewegung der siebziger und achtziger Jahre genannt werden. Die Abrüstung der Weltmächte und das Umdenken der Militärs wäre undenkbar ohne das kontinuierliche Arbeiten der Friedensbewegung.

Ob Rassendiskriminierung in den USA und Afrika, Unterdrückung von Minderheiten in Süd- und Mittelamerika oder die permanente Verletzung von Menschenrechten in den ehemaligen Ostblockstaaten und in allen diktatorischen Regimes auf der ganzen Welt, überall wäre eine Entspannung der Lage ohne das herausragende Engagement einzelner Menschen undenkbar gewesen. Schließlich sind die karitativen Hilfen vieler Organisationen und einzelner zu nennen, die Essen, Kleidung und Medikamente in Krisengebiete auf der ganzen Welt entsenden, seien es Erdbebenkatastrophen, Kriege oder Hungersnöte; ohne den persönlichen Einsatz einzelner wäre diese Hilfe undenkbar.

Es lohnt sich also für jeden, etwas zu tun. Es reicht dabei durchaus, langsam anzufangen, nicht gleich eine Expedition in den Jemen oder in das zerstrittene Ex-Jugoslawien zu initiieren; aber doch stetig auf seinem Weg zur Verwirklichung seines ideellen Ziels voranzuschreiten und dabei auch immer und stets zu schauen, wo man selbst steht, wie es einem dabei geht, wie man sich fühlt, ob man sich momentan übernimmt oder ob man seine Initiative noch zu steigern in der Lage ist.

Sinn und Zweck seines Engagements soll ja zunächst ein recht egoistischer sein, sich nämlich selbst zu entfalten, sein Lebensziel zu verwirklichen und sich dabei wohl, zufrieden und glücklich zu fühlen, eben mit sich im reinen und eins mit seinen Idealen und Wünschen zu sein. Wenn dabei dann noch Hilfe für andere entsteht, für Arme, Unterdrückte, Schwache, Gefangene und Minderheiten oder für eine gute Sache an sich, dann ist es doch um so besser.

Beginne deshalb damit, Dich über Dein ideelles Ziel näher zu informieren und es zunächst in Deinen täglichen Ablauf zu integrieren. Wenn Du Altenpflege fördern willst, dann beginne mit Deinen alten Familienmitgliedern, wenn Du mehr Kinder- oder Begabtenförderung betreiben willst, fang mit Deinen eigenen Kindern an. Mit der Zeit wirst Du Möglichkeiten und Wege finden, Deine Aktivitäten auszuweiten, etwa Nachbarkinder mit in Dein Förderprogramm zu integrieren oder Altennachmittage für Deine Wohngegend zu organisieren, die nicht nur auf langweiligen Zeitvertreib ausgelegt sind.

Eine gute Freundin von mir hatte sich zum Ziel gesetzt, alten Menschen einen würdigen Lebensabend zu ermöglichen. Sie begann damit, sich um alleinstehende alte Menschen aus dem ihr benachbarten Altenwohnheim zu kümmern, mit ihnen spazierenzugehen und sie zu sich zum Kaffee oder zu Gartenparties einzuladen, sie mit zu Kunstausstellungen und Musikveranstaltungen zu nehmen und sie auf Altennachmittage zu begleiten. Da sie selbst Mutter von drei Kindern war, die zum Teil noch nicht schulpflichtig waren, nahm sie ihre Kinder bei den Besuchen im Altenwohnheim oft mit. Dabei erkannte sie recht schnell, daß es mehr die Anwesenheit der Kinder als ihre Fürsorge war, die die Alten wirklich erfreute. Sie spielten mit den Kindern, erzählten alte Geschichten und die Kinder waren ganz begeistert über die Erfahrung und die Erlebnisse, die die alten Menschen ihnen zu berichten wußten.

Sie begann, für die Alten und die Kinder Begegnungsmöglichkeiten zu schaffen. Sie organisierte Nachhilfestunden und Nachmittagsbetreuung für schulpflichtige Kinder zwischen acht und zwölf Jahren. Hier hatten die Alten eine sinnvolle Aufgabe, die ihnen in Anbetracht der noch nicht zu hohen Anforderungen an die jungen Schüler nicht schwerfiel. Die Kinder berufstätiger Eltern erhielten einen sinnvollen Rahmen, in dem sie mit Gleichaltrigen und der Unterstützung der alten Menschen leicht ihre Hausaufgaben erledigen konnten und nicht allein zu Hause auf die Eltern warten mußten. »Mein Konzept hat sich bewährt«, sagte sie mir vor nicht allzulanger Zeit. »Ich bin mit diesen Aktivitäten meinem Ziel einen Schritt nähergekommen und gleichzeitig hat eine ganze Zahl von Kindern ein sinnvolles Nachmittagsangebot erhalten, das sie vor einem typischen Schlüsselkinddasein bewahrt. Ich kann guten Gewissens sagen, daß ich zufrieden bin.«

Je authentischer Du bei der Verwirklichung Deines Zieles bist, um so mehr Menschen wirst Du mit Deinen Aktivitäten ansprechen. Du wirst merken, daß sie auf Dich zukommen und Dich um Rat und Unterstützung bitten werden, Du wirst mit Deinen Spezialkenntnissen in Deinem Bereich gefragt sein. Dann ist es an der Zeit, Dich zu entscheiden, ob Du Dich mit Deinen Aktivitäten einer größeren Organisation anschließen willst, die gleichgerichtete

Interessen verfolgt, um etwa Deine Wirkungsmöglichkeiten zu erweitern, oder ob Du ganz bewußt im kleinen, in Deinem Dir eigenen Bereich weiterarbeiten willst, weil Du nur so Deine Ziele, Interessen und Wünsche optimal verwirklichen kannst – und darauf kommt es ja schließlich an.

Du bemerkst, daß eine Aktion die andere nach sich zieht, und wenn Du einmal überzeugend zu handeln begonnen hast, werden sich Wege und Möglichkeiten für Dich auftun, Dich weiterzuentwickeln, größere Bereiche und andere Schwerpunkte anzusprechen. Du wirst feststellen, daß sich sehr viel von allein ergibt, wenn Du nur bereit bist, offen, ohne Hast und ohne Versagensangst. Wenn Du an Deinem Thema, Deiner Aufgabe festhältst, stellst Du nach gar nicht allzu langer Zeit fest, wie sehr sich Dein Leben zum Positiven gewandelt hat, wie Du zum Macher statt zum Dulder, zum Organisator statt zum Konsumenten, zum erfüllten Menschen statt zum Wohlstandsgefrusteten geworden bist.

Du wirst mehr Glück und Zufriedenheit verspüren als zuvor und dann wirst Du Deinen einmal eingeschlagenen Weg nicht wieder verlassen. Du wirst dranbleiben, weitermachen und so Deinem Leben einen dauerhaften Sinn verleihen.

## 4. Mache Dir einen Lebensplan, wie Du Dein ideelles Ziel am erfolgreichsten realisieren kannst

Wenn Du Dein ideelles Ziel, welches Du als Leitfaden Deinem Leben voranstellen willst, gefunden und bereits die ersten Erfahrungen gemacht hast, wirst Du schnell genug feststellen, daß es sinnvoll ist, Dir ein Konzept zu erstellen, einen Lebensplan zu gestalten, wie und womit Du Deinem Ziel am einfachsten näherkommen kannst und welche Voraussetzungen Du für Dich und Deine nähere Umgebung schaffen mußt, um Dir tatsächlich eine reelle Chance zu geben, Dein Ziel zu verwirklichen.

Vielleicht merkst Du, daß Dein derzeitiger Job dem von Dir erwählten Ziel nicht förderlich ist, sondern diesem gerade konträr im Wege steht. Vielleicht hat Dein von Dir gepflegter Freundeskreis keinerlei Verständnis für Dein persönliches Ziel oder Du merkst, daß Du, um Dein Ziel zu erreichen, etwas bewegen zu können, Startkapital benötigst, also zunächst etwas Geld ansparen mußt.

Vielleicht erscheint es Dir sinnvoll, zur Förderung Deines Ziels neue Kontakte zu knüpfen, Reisen zu unternehmen, eine zusätzliche Fremdsprache zu erlernen, einer Glaubensgemeinschaft oder sogar einer politischen oder gesellschaftspolitischen Organisation beizutreten, die gleiche oder zumindest ähnliche Ziele wie Du vertritt.

Dann ist es an der Zeit, Dein Leben in Richtung Deines Zieles umzugestalten, notfalls Deinen Job zu wechseln, zusätzliche Freunde zu suchen, die Deinem Ziel förderlich gegenüberstehen, eventuell eine Sparphase einzulegen, um genügend Kapital beiseite legen zu können, um eine gewisse finanzielle Unabhängigkeit zu erlangen, neue förderliche Kontakte aufzubauen, notwendige Reisen zu unternehmen, Neues hinzuzulernen und eventuell sogar Organisationen beizutreten, ja, sie notfalls mitzugründen, neu zu gründen.

Einer meiner besten Freunde erkannte vor ein paar Jahren, daß sein herkömmliches Leben als erfolgreicher Finanzmakler ihn nicht wirklich befriedigte. Seine Ehe war eine Katastrophe, mit seinen Kindern hatte er kaum Kontakt, und seine Geschäftskollegen und Freunde pflegten ein oberflächliches Vergnügungsgebaren, das sich darauf beschränkte, von Inkneipe zu Inkneipe zu ziehen und sich sinnlos zu betrinken. In dieser Situation, die man durchaus als Midlife-crisis bezeichnen könnte, machte er eine Ayurvedische Kur.

Hier lernte er eine ganz andere Welt kennen, ein Miteinander von Körper und Geist, ein Einklang von harmonischem Äußeren mit friedvollem Inneren. Er erkannte, daß es noch mehr gab als Karriere und Kultkneipen, und er begann, sein Leben zu ändern. Er machte eine Ausbildung zum Fastenleiter und Yogalehrer, arbeitete einige Zeit in Yogaschulen und half bei Fastenkuren mit, trennte sich dann von seiner Frau, verkaufte das Familienhaus am Stadtrand und erwarb mit diesem Erlös einen kleinen alten freistehenden Hof am Rande des Schwarzwaldes, wo er begann, Fasten- und Entspannungsseminare zu geben.

Heute lebt er auf seinem Hof in einer Wohngemeinschaft mit drei gleichgesinnten Paaren zusammen. Seine Seminare reichen ihm zum Leben, und sein Ziel, inneren Frieden zu erlangen, hat er hier fast erreicht. »Wenn ich hier sitze und in meinem kleinen Garten meditiere, dann bin ich wirklich zufrieden und glücklich, dann habe ich das, wonach ich in meinem städtischen Karriereleben ständig vergeblich gesucht habe und was ich mir auch mit viel Geld niemals hätte erkaufen können: Glück und Frieden«.

Um all diese teilweise neuen und damit ungeübten Aktivitäten sinnvoll anzugehen, sie in eine aufeinander aufbauende Reihenfolge zu bringen, ihnen ein Konzept zu geben und Dein Engagement nicht in sinnlosem Aktivismus enden zu lassen, erstelle Dir einen Lebensplan.

- Versuche dabei, die für Dich sinnvollen Aufgaben, die Dir zu Erreichung Deines Zieles notwendig zu sein scheinen, in eine sinnvolle Reihenfolge zu bringen.

- Ordne sie wieder in kurzfristig geplante Aktivitäten, mittelfristige und langfristige Aufgaben.

- Achte darauf, ob nicht zusätzliche kurzfristige Entscheidungen und Tätigkeiten notwendig sind, um Deine mittelfristig und langfristig geplanten Aufgaben besser erfüllen und zügiger realisieren zu können.

Solltest Du beispielsweise zu der Auffassung gelangt sein, daß Dein Job Dich behindert, Du zusätzlich Geld ansparen, eine Fremdsprache erlernen, einige Reisen unternehmen und ferne Kontakte knüpfen mußt und einer bestimmten Organisation beitreten solltest, so wäre zum Beispiel eine durchaus sinnvolle Reihenfolge, zuallererst einen neuen Job zu finden, der Deinem Ziel nicht im Wege steht, sondern

Dir im privaten Bereich ausreichenden Entfaltungsspielraum läßt, sich um die Durchsetzung Deines persönlichen Ziels zu kümmern, und der gleichzeitig finanziell so ausgestattet ist, daß Du bei etwas Sparsamkeit mit der Zeit einiges Geld beiseite legen kannst. Mit etwas Glück findest Du sogar einen Job im Rahmen einer Organisation oder einer Firma, die sich die Förderung Deines Ziels ebenfalls auf ihre Fahnen geschrieben hat. Dann kannst Du sogar Arbeit und Zielverwirklichung miteinander verknüpfen, eine wahrhaft optimale Kombination. Gleichzeitig solltest Du der von Dir erwählten Organisation beitreten und darin bereits in Richtung Deines Zieles mitarbeiten. Wenn Du dann in Deinem neuen Job Routine erlangt und in der von Dir erwählten Organisation Fuß gefaßt hast, kannst Du Deinen Sprachkurs machen, Deine neuen Kontakte knüpfen und die von Dir als notwendig empfundenen Reisen unternehmen.

In der Erstellung Deines Lebensplanes solltest Du über Dein ideelles Ziel aber keinesfalls Deine ganz persönlichen Wünsche und Ambitionen vergessen. Verfalle keinesfalls vom früheren »Konsumwahnsinn« in einen »Ideenterror«, und lasse Dich nun nicht von Deiner Leitidee unter Druck, Streß und Leistungszwang setzen. Baue vielmehr Deine ganz persönlichen Wünsche, Abneigungen und Vorlieben in Deinen Lebensplan mit ein, eine seltene Sportart, die Du schon immer einmal erlernen wolltest, ein selten bereistes Land, das Dich schon immer fasziniert hat, eine Gegend, in der Du schon immer einmal wohnen wolltest. Nimm Dir die Freiheit, auch diese Wünsche zu verwirklichen. Es ist Dein Leben, das Du lebst und nur Du allein kannst es zu Deiner Zufriedenheit gestalten.

Und wenn das von Dir gewählte ideelle Ziel wirklich Dein eigenes ist, wirklich Deinem inneren Wunsch nach Verwirklichung entspricht, dann wirst Du bald merken, daß Deine nicht ideellen, privaten Lebenswünsche dem keineswegs im Wege stehen und dessen Verwirklichung behindern, sondern daß, wie aus einer zufälligen, aber in sich stimmigen Fügung heraus, auch die Realisierung dieser privaten Wünsche Dich einen Schritt näher auf dem Weg zu Deinem eigentlichen Lebensziel bringen.

Ein wichtiger Kontakt, der ohne eine bestimmte Reise nicht zustande gekommen wäre; eine nützliche körperliche Fähigkeit, die Du ohne Erlernen Deiner Traumsportart nicht erlangt hättest oder ein gewählter Umzug, der Dich neuen Freunden näher bringt, die Dich in Deinem Streben fördern und unterstützen, Stein für Stein wird es sich zusammenfügen. Am Ende wirst Du wissen, daß Du auf dem richtigen Weg bist, daß alles, was aus Deinem wahren Inneren als Dein echter persönlicher Wunsch entspringt, Deinem Lebensziel nicht widerspricht, sondern es mitfördert, es mitrealisieren hilft. Und dann wirst Du mit jeder Handlung und jeder Entscheidung in Deinem Leben zufrieden sein, weil Du authentisch geworden bist, und selbst Rückschläge werden Dich dann nicht mehr entmutigen können, weil Du sie als notwendige Erfahrung, als Lehre, als Momente des Innehaltens und Nachdenkens verstehen wirst, die Dich am Ende sicherer und stärker auf Deinem Weg zum Lebensziel weiterschreiten lassen.

## 5. Verliere Dein von Dir selbst gesetztes Ziel niemals aus den Augen

Unsere Gesellschaft besteht aus einer Fülle von Angeboten zur Zerstreuung und zum Zeitvertreib. Wer von Firmen und Konzernen der Freizeitbranche als zahlungskräftiger Konsument erst einmal entdeckt wurde, dem fällt es schwer, dem Konsumtreiben zu entfliehen und sich aus dem Zwang des passiven Konsumierens zugunsten einer aktiven Lebensgestaltung zu befreien.

Um seine persönlichen Ziele und Neigungen in der Realität verwirklichen zu können, braucht man ein gutes Stück Durchhaltevermögen, damit man sich von dem selbst gesteckten Weg nicht dauernd und für immer abbringen läßt.

Eine gute Hilfe dabei ist, sich dieser Ziele stets zu erinnern und vor allem sein auserwähltes Hauptziel niemals aus den Augen zu verlieren.

- Führe deshalb feste Zeitpunkte in Deinem Leben ein, um Dich Deiner wahren Lebensziele stets zu versichern.

- Eine gute Möglichkeit besteht darin, sich jeden Morgen gleich nach dem Aufstehen selbst im Spiegel zu begrüßen und zu sagen: »Guten Morgen, mein Lebensziel lautet ... Ich widme diesen Tag meinem wichtigsten Ziel.«

- Oder Du nimmst Dir am Abend vor dem Einschlafen eine Minute Zeit, um Dich Deines Lebenszieles zu erinnern und darüber nachzudenken, was Du heute, an diesem speziellen Tag, dazu beigetragen hast, diesem Ziel ein kleines Stück näher zu kommen.

• Wenn Du regelmäßig Entspannungsübungen machst, dann rufe Dir auch in Deiner Entspannung immer wieder Dein eigentliches Ziel vor Augen.

• Spüre, wie es sich anfühlt, wenn Du das Ziel erreicht haben wirst.

• Höre in Dich hinein, was Du noch zu tun hast oder in Deinem Leben noch verändern mußt, um diesem Ziel näher zu kommen.

Diese Übungen sind wichtig, wenn Du nicht über Jahre hinweg in Gefahr geraten willst, von Deinem angestrebten Lebensweg abzukommen.

Im Alltagsgeschäft wird es immer wieder Phasen geben, in denen der Erledigung aktueller Aufgaben, der Lösung kurzfristiger Probleme oder dem Ausleben neuer positiver Gefühle Vorrang einzuräumen ist. Sei es ein Engpaß im Büro oder Probleme mit dem Vermieter, oder Du bist neu verliebt, auch dieses Gefühl will vollständig ausgelebt und erlebt werden. Es werden sich oft Gelegenheiten ergeben, auf Deinem Lebensweg zu stagnieren, nicht mehr weitergehen zu wollen, sich im Gestrüpp aktueller Probleme oder neuer Leidenschaften zu verfangen und einfach den Status Quo beibehalten zu wollen, ohne Rücksicht auf die großen Pläne oder Ideen, die man einst hegte und pflegte.

Um diesem Stagnieren vorzubeugen und in der konkreten Lebensphase trotz gerade vorherrschender positiver oder negativer Belastungen gleichwohl seinen Weg weiterzugehen, seinem einmal gewählten Ziel weiterhin treu zu bleiben, um sich also selbst treu bleiben zu können, ist es notwendig, sich sein Ziel so oft man nur irgendwie kann und mag vor Augen zu führen und sich daran zu erinnern.

Selbstverständlich sollen die Alltagsprobleme und Aufgaben nicht übersehen werden. Besonders glückliche Stunden sollen genossen und ausgekostet werden. Ein Engpaß im Job muß überwunden, Probleme mit Nachbarn oder dem Vermieter müssen geklärt und gelöst werden und eine neue Liebe soll natürlich in allen Zügen ausgekostet werden. Genieße jeden Tag als Lebensgeschenk so gut Du nur irgendwie kannst. Doch bei alledem erinnere Dich stets – auch – Deines Lebensziels, dann wirst Du selbst im Falle kleiner Umwege oder möglicher Pausen immer wieder auf den Pfad zurückkehren, der Dich diesem Deinem Ziele näherbringt, was Dich endlich glücklich und zufrieden macht.

Eine Freundin hatte sich als Ziel den Schutz der Natur vor der rücksichtslosen Ausbeutung durch internationale Großkonzerne gewählt. Sie arbeitete in einer Reihe von internationalen Umweltorganisationen mit und war wesentlich an Aktionen gegen Fastfoodketten in Südamerika wegen der radikalen Abholzung von Urwäldern zur Schaffung von Viehweideflächen und gegen internationale Ölkonzerne wegen ihrer umweltschädlichen Ölförderung in der Nordsee und in Teilen Afrikas beteiligt.

Dann wurde sie schwanger und zur gleichen Zeit verließ sie ihr Freund. Sie zog sich von ihren Umweltaktivitäten zurück und kümmerte sich zunächst ganz allein um ihr Kind. Dabei vergaß sie aber nie ihr Lebensziel, verfolgte alle Berichte und Aktivitäten über Umweltgefährdungen durch die

Großindustrie genau, und als ihr Kind in den Kindergarten kam, begann sie eine Journalistenausbildung. Heute schreibt sie für namhafte Zeitschriften und kann über ihre Arbeit am Schreibtisch ihr Ziel weiterverfolgen, ohne die Erziehung ihrer Tochter zu vernachlässigen. »Ich bin stolz, einen Weg gefunden zu haben, gleichzeitig eine gute alleinerziehende Mutter zu sein und meine persönlichen Ideale gleichwohl weiterverfolgen zu können.«

## 6. Genieße jeden Schritt, den Du zur Erreichung Deines Ziels gehst

Lebensfreude ist eine entscheidende Voraussetzung zum Erlangen von Glück und innerer Zufriedenheit. Sie ist sozusagen die Sahne oder das Gewürz, das einer Speise den pikanten Geschmack verleiht, sie zu einer wahren Delikatesse werden läßt. Lebensfreude ist wie ein Elixier, wenn Du sie wirklich besitzt, dann kann Dir nichts wahrhaft Schreckliches widerfahren. Dann kannst Du mit allem umgehen, auch wenn Dir das Schicksal manches Mal nicht wohlgesonnen erscheint.

So wie Isabelle Adjani als Margot im Film »Die Bartholomäusnacht« auf die Feststellung ihres Pagen: »Meine Königin, Ihr habt Blut auf Eurem Gewand« antwortet: »Wen kümmert es, so lange ich ein Lächeln auf meinen Lippen trage«, so ist es auch im wahren Leben. Wenn Du Dir einen Rest an Lebensfreude und den damit verbundenen Lebensmut bewahrst, wirst Du alle Prüfungen des Schicksals meistern und zwar ohne daß sie Dich ernsthaft zu erschüttern vermögen.

Ein wesentlicher Schritt zur Verwirklichung von Lebensfreude liegt darin, jedem Teil Deines Lebens einen Genuß abzugewinnen, Dein Leben so, wie es hier und jetzt ist, anzunehmen und zu genießen, auch und gerade wenn es im Moment Deinen idealen Lebensvorstellungen noch nicht entspricht.

Menschen, die glauben, erst das von ihnen so sehnsüchtig angestrebte Ziel genießen zu können, den Weg dorthin aber mehr oder weniger ignorieren, ihn nicht weiter beachten und nur ganz zielstrebig ihrem Wunschtraum entgegeneilen, Menschen wie diese leben nicht wirklich. Sie leben stets in Warteposition, im Warten auf das, was in ferner Zukunft einmal eintreten wird. Das Leben aber, das wirkliche Leben, findet jetzt statt, jetzt in diesem Moment, in dem Du dieses Buch liest, wenn Du in Deinem Büro sitzt und Deine Arbeit machst oder wenn Du im Wohnzimmer sitzt und Dir vorstellst, wie schön es doch sein könnte, Dein Traumziel verwirklicht zu haben. Das Leben ist stets präsent. Es findet nicht in der Vergangenheit statt und nur äußerst eingeschränkt in der Zukunft; denn wie lange und wie glücklich und gesund Deine Zukunft aussehen mag, das ist stets ungewiß. Eine schwere Krankheit, ein tiefer Schicksalsschlag, eine hereinbrechende Naturkatastrophe, – eben Schicksal – kann recht schnell all Deine Träume zunichte machen oder zumindest in eine ferne Zukunft rücken lassen und Dich und Deine Lebenssituation vollständig verändern.

Das Hier und Jetzt aber gehört Dir allein. Deshalb sollst Du es nutzen, es genießen, es auskosten, in vollen Zügen, denn es ist das Leben selbst.

Wie viele Menschen kennst Du, die einzig in ihrer Zukunft leben, das Jetzt aber vollkommen ignorieren? Es ist wahrscheinlich der überwiegende Teil Deiner Bekannten und Freunde. Sie leben stets nach dem Motto: Wenn ich erst das Examen habe, dann fängt mein Leben richtig an. Dann, wenn ich die richtige Frau habe, dann, wenn wir endlich Kinder haben, wenn wir endlich ein eigenes Haus mit Garten haben, wenn ich endlich meinen idealen Job gefunden habe und schließlich, wenn ich endlich pensioniert bin, dann fängt das Leben an. So verbringen sie das ganze Leben in Warteposition auf das »wirkliche Leben« und verpassen es schließlich, denn das Leben hat permanent stattgefunden, ohne daß sie es richtig bemerkt haben.

Ein gutes Beispiel für eine solche Lebenseinstellung ist die Geschichte eines Freundes meines Vaters. Er stammte aus einer kinderreichen Familie, die nach dem Zweiten Weltkrieg aus Oberschlesien vertrieben wurde und eine neue Existenz im Westen aufbauen mußte. Sein vorrangiges Streben galt der wirtschaftlichen Absicherung seiner Familie. Er wollte sich das zurückerarbeiten, was er auf seiner Flucht in den Westen und durch die Enteignungswelle im Osten an Besitz verloren hatte. Dabei war er eigentlich ein sehr gefühlvoller Mensch, der die angenehmen Seiten des Lebens durchaus genießen konnte. Aber auf Grund seiner Einstellung, zuerst die materielle Absicherung erreichen zu wollen, drängte er nach und nach die angenehmen Seiten des Lebens in den Hintergrund.

In Urlaub konnte er nur fahren, wenn mit seinem Unternehmen auch wirklich alles in Ordnung war. Natürlich telefonierte er jeden Tag mit seinem Vertreter im Büro, und spätestens nach vier Tagen passierte etwas Unvorhergesehenes in der Firma, und er mußte vorzeitig den Urlaub abbrechen. Ob es ein Sonntagsausflug mit der Familie, ein Theaterbesuch mit seiner Frau oder ein gemütliches Sommerfest unter Freunden war, nie konnte er wirklich präsent sein, immer war er mit seinen Gedanken und Sorgen bei seiner Firma. Natürlich machte ihn das selbst keineswegs glücklich.

Er sehnte sich nach dem Tag, an dem er endlich einmal den Tag genießen konnte, an dem das eigentliche Leben für ihn begann. Dann, wenn er wirtschaftlich unabhängig war und sich um seine Firma nicht mehr kümmern mußte, dann sollte für ihn das eigentliche Leben anfangen, mit ausgedehnten Urlauben, viel Zeit für die Familie und für sich selbst. Damit er dies schneller erreichen konnte, arbeitete er natürlich noch mehr, stieg in die Immobilienbranche ein, reihte Bauobjekt an Bauobjekt und hatte dadurch noch weniger Zeit für sich und das Leben. Da er ein durchaus bewußter Mensch war, erkannte er auch, daß er in eine Art Teufelskreis geraten war. Um sich zu befreien, verkaufte er schließlich sein Unternehmen. Aber auch dadurch erreichte er keine wirkliche Freiheit.

Der Verkaufserlös mußte ja sinnvoll investiert werden, und so stieg er noch intensiver in den privaten Immobilienbereich ein. Wenn die Gebäude erst einmal fertiggestellt wären und die Mieteinnahmen regelmäßig fließen würden, dann wollte er richtig zu leben beginnen. Von einem Ferienhaus im Süden träumte er oder einem Hausboot an der Loire. Aber dazu sollte es bedauerlicherweise nicht mehr kommen, denn er erkrankte unheilbar an Krebs. Kurz bevor er starb, sagte er zu mir: »Das Leben zog vorbei an mir wie ein Traum. Und immer wenn ich diesen Traum versuchte in die Realität umzusetzen, entglitt er mir. So jagte ich mein ganzes Leben lang dem Leben nach, ohne zu begreifen, daß es permanent »jetzt« stattfand, immer nur jetzt. Jetzt habe ich es begriffen, aber jetzt ist es wohl zu spät.«

Menschen mit dieser Einstellung sind oft überaktiv in dem einen, für sie alles entscheidenden Lebensaspekt, während sie wenig Initiative in allen anderen Lebensbereichen zeigen.

Denn großes Engagement für die wesentlichen Dinge im

Leben scheint ihnen nicht lohnenswert, das eigentliche Leben, das, wofür es sich lohnt, sich einzusetzen und alles bis zum Letzten rauszuholen, findet für sie noch nicht statt, das Hier und Jetzt hat für sie eigentlich keine Bedeutung. Sie leben sprichwörtlich an ihrem Leben vorbei und erkennen es nicht; oder sie merken es viel zu spät. Dann bereuen sie, daß sie das Leben nicht wirklich ausgelebt haben; aber glücklich kann sie diese Erkenntnis dann auch nicht mehr machen.

Wenn Du ein solches Leben vermeiden willst, wenn Du wirklich ein glückliches, engagiertes und abwechslungsreiches Leben haben willst, dann mußt Du erkennen, daß der Weg zu Deinem Ziel auch lebenswert ist. Dann mußt Du jede Etappe Deines Lebens mit Leben füllen, sie auskosten und das Beste aus jeder Situation herausholen, ohne an besonders schönen Wegstrecken zu lange hängenzubleiben, denn Leben bedeutet Veränderung, Abwechslung, im Fluß sein; nicht aber Erstarrung, Verkrampfung und Festklammern.

Carl Gustav Jung hat einmal gesagt: »Der Nährboden der Seele ist das natürliche Leben. Wer dieses nicht begleitet, bleibt in der Luft hängen und erstarrt. Darum verholzen so viele Menschen im reifen Alter. Sie schauen zurück und klammern sich an die Vergangenheit mit geheimer Todesfurcht im Herzen. Sie entziehen sich dem Lebensprozeß wenigstens psychologisch und bleiben darum als Erinnerungssalzsäulen stehen, die sich zwar noch lebhaft an ihre Jugendzeit zurückerinnern, aber kein lebendes Verhältnis zur Gegenwart finden können.« (C. G. Jung, Wirklichkeit der Seele, S. 119).

Wenn Du erst verspürt hast, wie wunderschön Dein Lebensweg wird, wenn Du ihn bejahend annimmst, auch wenn Dein Ziel sich noch in weiter Ferne befinden sollte, dann wirst Du wahre Lebensfreude verspüren und Deinen Weg zum Ziel als Teil Deines Ziels erkennen; sozusagen als Vorbereitung auf Dein Ziel selbst, als Reifephase oder eben als Aufgabe und Herausforderung.

Wenn alte Menschen von einem erfüllten Leben berichten, dann ergibt sich ihre Zufriedenheit über das Erlebte regelmäßig aus ihrer Bereitschaft, Veränderungen anzunehmen und den Fluß des Lebens zu akzeptieren. Eine Tante meiner Großmutter schilderte mir ihr bewegtes Leben wie folgt: »Eigentlich war mein Lebensweg mit 17 Jahren festgelegt. Ich sollte den ältesten Sohn des größten Bauern in unserem Dorf heiraten und mit ihm nach dem Tode der Schwiegereltern das Bauerngut übernehmen, Kinder gebären und bodenständig den Rest meines Lebens in diesem Dorf verbringen. Da ich nichts anderes kannte, war ich zufrieden mit dieser Lebensperspektive, und Franz, meinen Verlobten, mochte ich auch recht gut leiden. Aber es sollte alles ganz anders kommen. Franz fiel im ersten Weltkrieg an der Westfront, das Dorf, in dem wir lebten, fiel nach dem Ende des Krieges an Polen, und wir siedelten nach Gleiwitz auf die nach wie vor deutsche Seite der Grenze über. Dort ging ich wieder zur Schule, verliebte mich neu, heiratete und zog mit meinem Mann nach Hamburg. Die Ehe wurde ein Fiasko, ich erkrankte zudem schwer, so daß ich keine Kinder mehr bekommen konnte, ließ mich von meinem Mann scheiden und lebte zunächst eine Zeitlang in Bayern allein. Dort lernte ich zum Ende des zweiten Weltkrieges einen amerikanischen GI kennen, verliebte mich erneut, heiratete und siedelte mit ihm in die USA über, wo wir eine lange glückliche Zeit miteinander verbrachten. Aber schließlich wurde mein Mann schwer herzkrank. Nach seinem vierten Herzinfarkt ist er schließlich gestorben. Da entschloß ich mich, wieder zu meiner Familie nach Westdeutschland zurückzukehren und seitdem lebe ich hier in Frankfurt. Wenn ich heute zurückblicke, war mir trotz aller negativer Erlebnisse ein wunderbares Leben vergönnt. Es war erfüllt mit Liebe und Zuneigung, mit vielfältig interessanten Erlebnissen, weiten Reisen, aber auch mit Gefahren, Trauer und Ängsten. Trotzdem würde ich es immer wieder leben, und keinen Moment dachte ich daran zu tauschen oder etwa auf die Idee zu kommen, meinem ursprünglichen Lebensplan als Großbäuerin, festgebunden an einem Ort, nachzutrauern. Meine Erfahrungen, die ich vielleicht gerade in einem recht wechselvollen Leben in einer wechselvollen Zeit gemacht habe, möchte ich keinesfalls missen. Sie haben mich zu dem gemacht, was ich heute bin. Daß ich auf alles zufrieden und glücklich zurückblikken kann, liegt meiner Meinung nach an meiner Bereitschaft, immer wieder Neues erleben zu können, ohne an Altem festzuhalten und diesem nachzutrauern. Je offener ich gegenüber neuen Menschen und aktuellen Lebenssituationen geworden bin, um so leichter wurde mein Leben, um so mehr befand ich mich im Fluß des Lebens. Diese Offenheit ist es, was mich das Leben gelehrt hat. Und das Leben ist stetige Veränderung. Nehmen wir es an, dann ist es unser und wir können glücklich sein mit dem was ist und wie es ist.«

Solltest Du in Deinem Bestreben, nicht zu sehr in Deinen Zukunftsvisionen zu leben, sondern im Hier und Jetzt zu sein, Perfektion erreicht haben, dann kann es geschehen, daß Du mit der Zeit erkennst, daß auch der Weg manchmal das Ziel sein kann. Daß Dein Leben selbst dann Erfüllung gefunden hat, wenn Du Dein endgültig angestrebtes Ziel vielleicht, aus welchen Gründen auch immer, in diesem Leben nicht hast erreichen können. Dann wirst Du Erfüllung, Zufriedenheit und Glück aus all dem gewinnen, was Du gerade machst, gerade verwirklichst oder bewußt unterläßt zu tun; denn Du wirst bewußt sein, in dem was Du tust, bewußt sein für das, was Leben eigentlich ausmacht, nämlich Hier und Jetzt zu handeln und nicht allein in Zukunftsträumen sein Heil zu suchen.

## 7. Lebe bewußt, tue was Du machst mit dem Bewußtsein, daß es Dich Deinem gewählten Ziel näherbringt

Wenn Du das zuvor Gesagte beachtest, wird es Dir ein leichtes sein, Deine einzelnen Lebensphasen voll und ganz zu genießen, ohne Dein persönliches Lebensziel aus den Augen zu verlieren. Denn das eine schließt das andere nicht aus. Du kannst durchaus emotional und materiell im Hier und Jetzt sein, ohne Deinem Ziel für die Zukunft untreu zu werden. Es kommt eben nur auf Deine innere Einstellung an.

Viele meinen, ihr Ziel bereits deshalb zu verraten, nur weil sie nicht ständig Entbehrungen und Freudlosigkeit auf sich nehmen. Gerade das aber ist falsch. Je freudiger Du Dein Ziel zu verwirklichen versuchst, um so leichter wird Dir alles von der Hand gehen, um so schneller wirst Du tatsächlich am Ziel sein. Es ist also durchaus kein Widerspruch, an seinem Ziel festzuhalten, gleichwohl aber das Hier und Jetzt in vollen Zügen zu genießen und die täglichen Freuden des Lebens zu erkennen und voll auszukosten. Wenn Du Dir Deine Bereitschaft bewahrst, auf Deinem Lebensweg immer weiter zu gehen, nicht klammern und festhalten zu wollen, dann kann Dir auch Deine tägliche Lebensfreude, Deine Bejahung des Lebens Hier und Jetzt und immer aufs Neue im Hier und Jetzt, kein Hindernis auf dem Weg zu Deinem Ziel darstellen. Und wenn Du in der Vorstellung verfangen bist, daß eine zu positive Lebenseinstellung das Erreichen Deines Ziels zumindest verzögern könnte, weil Du an schönen Lebensphasen doch eher festzuhalten bereit bist als an weniger angenehmen, dann mache Dir stets bewußt, daß Lebensfreude und positive Einstellung zu den Dingen, die Du täglich vollbringst, Dir eine Menge zusätzlicher Lebensenergie geben. Eine ganze Menge Power also, die Du zur Realisierung dieses Zieles verwenden kannst und die Dir die vermeintlich verlorene Zeit schnell wieder zu kompensieren hilft.

Bedenke stets, daß das von Dir gewählte Ziel nicht reiner Selbstzweck ist, sondern Dir gerade auf dem Weg zu einem glücklichen und zufriedenen Leben helfen sollte, um es erfüllter und strahlender zu machen. Deshalb traue Dich ruhig, auch Deinen Weg dorthin mit soviel Glück, Zufriedenheit, Ruhe und Frieden und vor allem Liebe zu füllen, wie Du nur kannst. Vertraue darauf, daß alles, was Du mit wirklicher Überzeugung, mit Glück und Zufriedenheit tust, Dich auf Deinem Weg weiterbringt, daß es Deinem Ziel letztlich nützt, auch wenn Du den direkten Zusammenhang im Moment Deines Handelns vielleicht noch nicht zu erkennen vermagst.

Wenn Du alles, was Du im Leben anfängst, stets in dem präsenten Bewußtsein tust, daß es Dich auf Deinem Weg weiterbringen wird, dann wirst Du Dir nach und nach unbewußt ganz von selbst nur noch Dinge aussuchen, die Dich im Moment glücklich machen und Dich gleichzeitig auch Deinem Ziel bewußter näher bringen. Du wirst Deine Aktivitaten besser auswählen, besser planen und besser koordinieren und recht bald keinerlei Widerspruch mehr zwischen Zufriedenheit mit Deinem aktuellen Handeln und dem im Auge behaltenen Lebensziel verspüren.

Wenn Du Dein Leben und Handeln mit der Zeit immer

bewußter angehst, dann werden sich auch Deine Ängste und Sorgen, die Dich bislang stets geplagt haben, auflösen. Denn Du wirst zu dem stehen, was Du getan hast. Du wirst erkennen, wie nützlich oder unnütz es war, wie gut oder wie schlecht, wie förderlich oder wie hinderlich. Du wirst dann mehr und mehr selektieren können und schnell ein Gespür dafür entwickeln, was Dir liegt und Dich weiterbringt und was nicht Deine Sache ist und Dich eher auf der Stelle treten läßt.

Und Du wirst erkennen, daß auch Rückschläge und Irrwege ein normaler Bestandteil Deines Weges zum Ziel sind, daß sie notwendig sind, um Dich bewußter zu machen für die Dinge, die wirklich förderlich für Dich sind. Wenn Du dann endlich merkst, daß alles, was Dir widerfährt, Teil Deines Lebensweges ist und Du bereit bist, aus allem zu lernen, dann kann Dich wirklich nichts mehr von Deinem Wege abhalten. Du hast die Fähigkeit gewonnen, aus allem das Beste zu machen und alles auf Deinem Weg und in Deine Pläne so einzubinden, daß es Dich weiterbringt, ganz gleich, wie hinderlich es sich anfangs auch angefühlt haben mag.

Ein Freund von mir hat sich als Ziel die soziale Gleichstellung Kranker und Behinderter in der Gesellschaft gewählt. Um dieses Lebensziel zu verwirklichen, engagierte er sich seit Mitte der achtziger Jahre in der Aids-Hilfe. »Zu Beginn schien diese Arbeit ein aussichtsloses Unterfangen. Ärzte lehnten die Behandlung aidskranker Patienten ab, weil sie fürchteten, sich selbst anzustecken. Krankenhäuser verwiesen Aids-Kranke in andere Kliniken, um ihren Wirtschaftsetat zu schonen, denn die Behandlung von Aidspatienten ist kostenintensiv, sie verursacht insbesondere

Lohnkosten, die durch die Krankenhauspauschalen damals nur unzureichend gedeckt waren. Und Pflegeplätze für Aidspatienten gab es schon gar nicht. Wenn ich um Hilfe für die Kranken nachsuchte, wurden mir nur Steine in den Weg gelegt, sei es auf Grund von Vorurteilen oder auf Grund von Gleichgültigkeit und Desinteresse. Am allerschlimmsten war die chronische Geldnot unseres Aids-Hilfevereins.

Die Menschen waren eher bereit, für gefährdete Tierarten zu spenden als für die Versorgung und Unterbringung schwer aidskranker Menschen. Und die zuständigen Stellen auf der Gemeindeverwaltung unserer Kleinstadt sagten mir unverblümt ins Gesicht, daß wir nicht ihrem Wählerpotential entsprechen und deshalb auch keine finanziellen Zuwendungen zu erwarten hätten. Schließlich mußten wir den Aids-Hilfeverein in unserer Kleinstadt wegen Geldnot schließen. Das war für mich eine herbe Enttäuschung.

Zwischenzeitlich hatte ich gelernt, mit der Ignoranz vieler Mitmenschen umgehen zu können. Und ich hatte gelernt, daß gegen die Stimmung der überwiegenden Zahl der Bevölkerung konstruktive Hilfe nur schwer zu erhalten ist. Deshalb schloß ich mich der Aids-Hilfe-Organisation in der benachbarten Großstadt an, half dabei, diese überregional auszubauen und so auch das ländliche Gebiet um meine Heimatstadt mit in die Betreuung einzubeziehen. Immer wieder stellte sich bei unserer Arbeit die Notwendigkeit heraus, bewußtseinsbildende Meinungswerbung zu fördern und zu betreiben, um Vorurteile und Ausgrenzungsmentalität gegenüber den betroffenen Kranken abzubauen. Wir initiierten Pressekampagnen und Werbespots, die schließlich auch überregional weiterverbreitet wurden, vorrangig zur Vermeidung von Neuansteckungen, daneben aber vor allem auch zum Abbau von Vorurteilen und Berührungsängsten.

Heute nach fast 15 Jahren Arbeit ist es schick geworden, für Aidskranke Benefizveranstaltungen zu organisieren und für ihre Belange zu spenden. Spezielle kirchliche und karitative Einrichtungen haben sich den besonderen medizinischen und pflegerischen Bedürfnissen der Kranken angenommen und die Ausgrenzungsmentalität ist merklich zurückgegangen. Natürlich habe ich mein Ziel der sozialen Gleichstellung in Bezug auf Aidskranke noch lange nicht erreicht, aber ich fühle mich auf dem richtigen Weg, vor allem deshalb, weil ich gelernt habe, Hindernisse, die mir auf diesem Weg begegnen, zu überwinden. Diese Fähigkeit hätte ich nie erworben, wenn nicht gerade am Anfang der finanzielle Niedergang unserer Aidshilfe in meiner Heimatstadt mich zu kreativem Umdenken und einfallsreichem Taktieren gezwungen hätte. Damals empfand ich das Ganze als kleinen Weltuntergang. Heute ist mir bewußt, daß ich ohne diesen Rückschlag lange nicht so entschlußkräftig und kreativ geworden wäre. Jetzt weiß ich, daß ich erreichen kann, was ich wirklich erreichen will. Das hilft mir bei meiner Arbeit ungemein.«

Mit einem solchen Bewußtsein bist Du endlich wirklich frei, Deinen Weg zu gehen, unbeirrbar, unaufhaltsam. Dann wirst Du auch spüren, daß Du keine Eile zu haben brauchst, daß sich alles fügen wird, nach und nach, wie ein Puzzlespiel. Auf einmal, ohne es groß zu erwarten, bist Du am Ziel; und die Zeit davor hast Du genossen, als wäre Dein Ziel schon immer erreicht gewesen.

Dann, genau dann hast Du echte Zufriedenheit erlangt.

## 8. Sei optimistisch. Je überzeugter Du davon bist, daß Dein Ziel sich verwirklichen wird, um so näher gelangst Du zum Ziel selbst

Optimismus ist die wichtigste Voraussetzung für eine positive Lebenseinstellung. Wenn Du an all das glaubst, was Du im Leben machst, und gleichzeitig ein Grundgefühl entwickeln kannst, daß alles, was Du anfängst, auch zu einem glücklichen Ende führt, dann bist Du immer auf der Siegerseite.

»Wir können sagen, daß es von übergreifender Bedeutung ist, zu erkennen, daß wir durch aktives Denken die Wirkungsweise des Neuronenapparates unseres Gehirns beeinflussen können. Auf diese Weise können wir in der Welt Veränderungen zum Guten oder Bösen herbeiführen. Dabei kann unser ganzes Leben als eine Reihe aufeinanderfolgender Entscheidungen betrachtet werden, die zu einem Gefühl der Erfüllung und damit zu dem Glücksgefühl führen können, das sich bei einem sinn- und zweckbewußten Leben einstellt«, schreibt John Eccles zu diesem Thema. (John C. Eccles, Die Psyche des Menschen, S. 291).

Es ist wirklich die innere Einstellung, die Du zum Leben, zu Deinem Leben hast, die über Erfolg oder Mißerfolg, über Sieg oder Niederlage, über Glück und Unglück entscheidet. Denn alles im Leben hat zwei Seiten, eine helle und eine dunkle, eine positive und eine negative Seite. So wie es bei einer Münze oder Medaille eine prunkvolle Vorderseite und eine weniger beeindruckende Rückseite gibt, so hat auch jedes Geschehen im Leben einen positiven und einen negativen Effekt.

Stelle Dir zum Beispiel einmal vor, Du kommst morgen in Deine Firma und Dein Chef teilt Dir mit, daß er Dir Deinen Job kündigt, mangels Aufträgen oder einfach, weil die Zusammenarbeit mit Dir mangels wirklichem Interesse an Deiner Tätigkeit eher unerfreulich gewesen ist.

Sobald Du diese Nachricht erhältst, wirst Du üblicherweise in Panik verfallen. Du wirst Dir die Seite der Medaille betrachten, die erschreckend für Dich ist. Keinen Lohn mehr, kein Geld zum Abzahlen der Hypothek für Dein Haus oder des Kredites fürs neue Auto, keinen Urlaub in diesem Jahr und große Angst, keinen neuen Job zu finden. Der Weltuntergang steht für Dich sozusagen unmittelbar bevor. Und solltest Du in diesem negativen psychischen Zustand verharren, dann ist es gar nicht so unwahrscheinlich, daß Du so bald keinen neuen Job finden wirst, denn Arbeitgeber wollen selbstbewußte, innovative und aufgeschlossene Mitarbeiter, die Probleme souverän aus dem Weg zu räumen in der Lage sind und keine Menschen, die sich in Selbstmitleid ergießen.

Versuchen wir nun einmal, die andere Seite der zunächst so entsetzlich scheinenden Medaille zu betrachten. Deinen Job hast Du sowieso nur gequält und mit Widerwillen erledigt, da er Dir seit langem keine persönliche Befriedigung gebracht hat und die Zusammenarbeit mit den Kollegen immer schlechter wurde, die Leistungsanforderungen von Jahr zu Jahr härter geworden sind und die Lohnentwicklung dabei bei weitem nicht mitgehalten hat. Das Ende Deines Arbeitsverhältnisses ist damit für Dich gleichzeitig eine Befreiung aus einem unliebsamen Abhängigkeitsverhältnis. Du bist frei, endlich frei, Dir eine Arbeit zu suchen und zu finden, die Dir Lebensinhalt und innere Befriedigung bringen kann, die Dich zufriedener macht und Deinen Lebensbedürfnissen wesentlich mehr entspricht.

Da Du in aller Regel in einer Arbeitslosenversicherung bist, oder zumindest einen Bausparvertrag oder einen Arbeitnehmersparvertrag besitzt, sieht auch Deine finanzielle Absicherung keineswegs ausweglos aus. Du hast also Zeit genug, Dich nach einem neuen besseren Job umzusehen, ohne gleich Hunger leiden zu müssen und bei einem konstruktiven Gespräch mit dem Filialleiter Deiner Bank wirst Du auch ohne größere Probleme eine Streckung Deiner Hypotheken- oder Kreditraten erreichen. Und selbst wenn sich Deine Bank ausnahmsweise einmal absolut stur stellen sollte, dann gibt es heute in fast jeder größeren Stadt Schuldnerberater, die Dir kostenlos bei Deinem persönlichen Schuldenmanagement mit Rat und Tat zur Seite stehen und bei Banken und Versicherungen vermittelnd tätig werden. Von dieser Seite betrachtet, erscheint Deine Situation also gar nicht mehr so negativ. Ganz im Gegenteil; Du hast eine Chance erhalten, Dein Leben positiver zu gestalten und durch bewußtere Auswahl Deines neuen Jobs und der Überprüfung Deiner regelmäßigen Ausgaben auf ihre tatsächliche Notwendigkeit hin mehr Zufriedenheit und Erfüllung in Dein Leben zu holen und Deine Finanzen zu ordnen und ins Reine zu bringen.

Und wenn Du genau diese positive Überzeugung in den nun folgenden Bewerbungsgesprächen vermitteln kannst, dann wirst Du recht schnell einen neuen Job haben und dazu noch einen, der Dir viel mehr Spaß machen wird als Dein jetziger und der eine wesentlich angemessenere Entlohnung bieten wird; denn mit einer positiven lebensbejahenden Einstellung wirst Du nicht länger bereit sein, Dich unter Wert zu verkaufen.

Du siehst also, wie wichtig der Blickwinkel ist, aus dem Du ein und dieselbe Sache betrachtest. Ob Du eben immer nur die Schattenseite einer Sache zu sehen bereit bist, oder ob Du reif dafür bist, Dir künftig die Sonnenseite der Dinge anzuschauen, ohne Gewissensbisse und ohne dem ausschließlichen Blick auf die Schattenseite nachzutrauern. Das heißt es, optimistisch zu sein.

Wenn Du es schaffst, diesen, Deinen neu gewonnen Optimismus in jeder Lebenslage zu bewahren, wirst Du ein Urvertrauen entwickeln, ein Gefühl, daß Dich nichts und niemand wahrhaftig erschüttern kann und Dich absolut gar nichts mehr von dem von Dir eingeschlagenen Weg abbringen kann.

Fehlt Dir dieser Optimismus, wirst Du dazu neigen, auch objektiv positive Dinge im Leben nicht als solche zu erkennen. Ein Freund von mir war überzeugter Banker, er liebte seine Tätigkeit, strebte aber nach absoluter Perfektion. Das bedeutete für ihn, daß er den ganzen Tag seine Arbeit überdurchschnittlich sorgfältig erledigte. Unterlief ihm allerdings auch nur ein kleiner Fehler, wurde dieser Fehler dann auch noch von Mitarbeitern oder Vorgesetzten entdeckt, war er so betrübt, daß er den ganzen Arbeitstag als sinnlos und traurig, ja die ganze Arbeit als für ihn nicht mehr geeignet ansah. Schließlich gab er die Banktätigkeit auf, da seine Unzufriedenheit in seiner Arbeit mehr und mehr zunahm. Hätte er nur ein einziges Mal seinen Blickwinkel geändert, seine Betrachtungsweise korrigiert, so wäre ihm aufgefallen, daß er viel sorgfältiger, gewissenhafter und zuvorkommender seine Arbeiten erfüllte als alle seine Kollegen; dabei wären Fehler, die jedem anderen nicht minder unterlaufen, nicht weiter ins Gewicht gefallen. Ja, er hätte sich sogar als überdurchschnittlich guten Banker erkannt und wäre bei seiner, von ihm an sich geliebten Betätigung geblieben – nur eben mit einem gewandelten Selbstverständnis.

Deshalb sei optimistisch! Betrachte beide Seiten der Medaille, dann wirst Du immer einen praktikablen Weg finden, im Leben weiterzugehen und das Beste aus jeder Situation zu machen.

Ob Dich Dein Lebenspartner verläßt, ein treuer Freund stirbt oder eine schwere Krankheit Dich trifft, betrachte die Dinge niemals einseitig aus einer rein negativen Position, bleib offen für positive Lösungsmöglichkeiten und Alternativen. So kann die Trennung von Deinem Lebenspartner auch der Beginn für neue tiefere Beziehungen zu anderen Menschen mit neuen Qualitäten sein; der Tod eines lieben Menschen, so schmerzvoll er für die Hinterbliebenen auch sein mag, kann für den Verstorbenen selbst Erlösung von schwerem Leiden sein oder von einer Umgebung, die er so, wie sie sich entwickelt hat, nicht mehr verstanden hat. Und eine Krankheit kann für Dich auch die Aufforderung beinhalten, eine Ruhepause auf Deinem Weg einzulegen, in der Du Dich gezielt und bewußt damit beschäftigst, was Dir im Leben noch fehlt, welche unerfüllten Wünsche Du mit Dir herumträgst, in welchen Lebensbereichen Du Dich noch selbst verleugnest; denn oft ist eine Krankheit lediglich die Spiegelung dafür, in welchen Bereichen Du Dich selbst nicht auslebst, auf welchen Gebieten Deines Lebens Du den Sachzwängen Vorrang vor Deinen Lebensinteressen gegeben hast. Dort wandelt sich Deine Lebensenergie dann in unterschwellige Aggression gegen Dich selbst, was zu psychischen und auch psychosomatischen Krankheiten führen kann.

Wie auch immer, wenn Du Deinen Optimismus bewahrst, wirst Du alle Prüfungen meistern, alle Belastungen bewältigen und so lange auf Deinem Wege weitergehen, bis Du Dein Ziel und Dein erstrebtes Glück und Zufriedenheit vollständig erlangt hast.

Und solltest Du fühlen, daß in einer für Dich fast ausweglos erscheinenden Situation Dein Optimismus ins Wanken gerät, dann stelle Dir das Leben einfach als einen großen Fluß, einen großen Wasserlauf vor, in dem Du mit der Strömung zur Mündung getrieben wirst. So wie der Flußlauf das eine Mal durch Wüsten und Steppen fließt, das andere Mal vorbei an lieblichen Oasen und fruchtbaren Tälern rauscht, so wechselvoll sind auch die einzelnen Lebensphasen. Keiner mag gerne in der Wüstenlandschaft verharren; aber das brauchst Du auch nicht, Du mußt Dich nur mit dem Fluß weitertreiben lassen, und Du wirst bald wieder in schöne Landschaften, in Oasen, Wälder und Auen gelangen, wo es wohl und angenehm ist.

Das Wichtigste ist eben, wenn Du Dich in einer Wüstenphase Deines Lebens befindest, nie zu vergessen, daß weiter abwärts in Deinem Lebensstrom noch viele schöne Oasen mit friedvollen Zeiten zum Verweilen auf Dich warten. Wenn Du in dieser Vorstellung lebst, dann wirst Du Dich bereitwilliger durch schlechte Zeiten bewegen, weil Du in der Gewißheit lebst, daß es danach wieder bessere Zeiten geben kann. Und wenn Du dann bemerkst, daß auch negative Erfahrungen und schlechte Zeiten Bedeutung für Deine persönliche Entwicklung haben und Dich letztlich Deinem Lebensziel wieder ein Stück näher bringen, dann wirst Du keinen Tag Deines Lebens mehr als vergeudet betrachten und stets optimistisch in die Zukunft schauen, was auch immer Dich noch erwarten mag.

John Eccles hat einmal gesagt: »Alle Erfahrung ist durch das Nervensystem bereits hundertfach – oder tausendfach – interpretiert, bevor sie bewußte Erfahrung wird ... Wir können die Sprache dazu benutzen, die beste Interpretation aus den verschiedenen Alternativen auszuwählen.« (J.C. Eccles/ K. Popper, Das Ich und sein Gehirn, S. 512); und an anderer Stelle führt er aus: »In gewissem Sinne könnte man sagen, daß sich Lebewesen zum Teil selbst schaffen, teilweise, nicht ganz; und daß der Mensch sich durch die Schaffung der darstellenden Sprache selbst geschaffen hat.« (J.C. Eccles/ K. Popper, Das Ich und sein Gehirn, S. 665). Genau in diesem Sinne bist Du in der Lage, Dich selbst und Deine Umwelt positiv zu gestalten, wenn Du nur lernst, Dir die Sonnenseite des Lebens zu betrachten und nicht in Negativität verhaftet bleibst. Dabei erhält Sprache, wie John Eccles in seinem Zitat erwähnt, eine zusätzliche wichtige Bedeutung. Denn formulierst Du Deinen Sprachausdruck positiv und lebensbejahend, dann schaffst Du bereits damit eine Grundlage, Dir das so bezeichnete Leben ebenfalls positiver zu gestalten. Allein dadurch wirst Du für die Sonnenseite des Lebens offener und empfänglicher.

## 9. Setze Dich nie unter Druck. Du hast alle Zeit der Welt, Dein Ziel zu erreichen; nichts auf der Welt zwingt Dich, das Ziel in Marathonschritten anzustreben – auch der Weg kann das Ziel sein –

Ein weiterer Schritt zu einer positiven Lebenseinstellung ist es, innere Ruhe und Ausgeglichenheit auch im hektischen Lebensalltag zu bewahren. Das bedeutet nicht, daß Du den ganzen Tag auf dem Sofa herumsitzen sollst oder 24 Stunden lang tibetanische Meditationspraktiken ausüben mußt. Es bedeutet einfach, daß Du alles, was Du im Leben tust, bewußt und in Ruhe angehen solltest, sozusagen im Moment des Handelns verharren sollst und diesen Moment, was auch immer Du tust, als Teil Deines Lebens genießt und auskostest. Dein ganzes Leben besteht aus nichts anderem als aus einer Vielzahl solcher Einzelmomente.

Die meisten Menschen verrichten ihre täglichen Handlungen in Hektik, rastlos und getrieben von der Vorstellung, daß ihr tägliches Tun und Handeln nicht das wahre Leben ist, am Sonntag vielleicht, da kann man mal ausspannen und richtig leben oder im Urlaub, oder wenn man einmal pensioniert ist. Aber jetzt, jetzt gilt es, sich zu beeilen, Zeit zu sparen für etwas Wichtiges, etwas Bedeutenderes; aber für was, das weiß keiner so recht genau. Das Hetzen und Eilen wird dann bald zu einer Lebenseinstellung, die man irgendwie nicht mehr ablegen kann. Selbst am Feiertag, wo man sich endlich einmal Ruhe gönnen sollte, oder im Urlaub bleibt die innere Rastlosigkeit. Man rennt dann von einer Party zur anderen oder von einer Sehenswürdigkeit zur nächsten, und wenn einmal ein Urlaubstag wirklich nichts anderes mehr zu bieten hat als Ruhe, dann langweilt man sich schrecklich und bricht den Urlaub vorzeitig ab, weil man ja schon alles gesehen hat. So schafft man es schließlich nicht einmal mehr in den schönsten Lebensphasen, diese wirklich zu genießen, zu erleben, das Leben als solches noch wirklich zu spüren.

Deshalb versuche, Dich künftig nie unter Druck zu setzen; Dich weder durch andere noch durch Dich selbst in die Spirale der Rastlosigkeit hineinziehen zu lassen. Verrichte alle Handlungen, auch die weniger angenehmen, in dem Bewußtsein, daß sie Teil Deines Lebens sind, daß sie, wie klein und unbedeutend sie auch sein mögen, Teil Deines persönlichen Lebensweges sind, denen eine Bedeutung zukommt, zumindest die Bedeutung, die Du ihnen zu geben vermagst. Sei in all Deinen Handlungen präsent.

Wenn Du ißt, dann esse bewußt, wenn Du trinkst, sei Dir des Trinkens bewußt, wenn Du schläfst, dann sei Dir bewußt, daß Du Entspannung und Ruhe des Schlafes benötigst und verdient hast. Wenn Du Arbeiten verrichtest, sei in Deiner Tätigkeit, achte auf alle Details Deiner Handgriffe, Deiner Handlungen und Bewegungen. Wenn Du Dir ein Bild betrachtest, sei in der Betrachtung, wenn Du eine Landschaft bewunderst, konzentriere Dich voll und ganz auf das, was Du siehst. Wenn Du dies eine Weile übst, wirst Du schnell feststellen, wie faszinierend schön die kleinen Dinge des Lebens sind. Du wirst aufmerksamer für kleine Gesten und Begebenheiten des Lebens, die Du früher in Deiner Hektik überhaupt nicht wahrnehmen konntest, und

Dir wird mehr und mehr jeder Moment, jeder Augenblick Deines Lebens schön und wertvoll, so daß Du überhaupt kein Bedürfnis mehr verspürst, Dich zu beeilen, dem Moment zu entfliehen, das Hier und Jetzt zu übersehen zugunsten von Zukunftsvisionen und Träumen, deren Verwirklichung durchaus nicht sicher sind.

Wenn Du erst erkannt hast, wie faszinierend schön der Flug eines Vogels ist, der im Moment an Dir vorbeigleitet, wie schön die gleißende Mittagssonne über einer ruhenden Stadt sein kann oder wie erheiternd ein lächelnder Blick eines Menschen im Café, im Büro oder beim Einkaufsbummel ist; wenn Du spürst, daß Dir jeder Moment Deines Lebens neue kleine Präsente anbietet, die Du nur anzunehmen brauchst, dann wirst Du nicht mehr durchs Leben rennen. Du wirst erkennen, daß auch der Weg Ziel sein kann, zumindest aber untrennbar mit dem Ziel verbunden ist, so daß Du Deinen Lebensweg voll und ganz in Ruhe und Ausgeglichenheit gehen kannst.

Das Leben wird für Dich bewußter, tiefer und eindrucksvoller werden. Du wirst lernen, Dich in jedem Tun, in jedem Handeln voll einzubringen, Dich zu verwirklichen, Deinen einzelnen Handlungen, so klein sie auch sein mögen, Sinn und Bedeutung zu verleihen, das Leben zu leben und zu genießen.

Und Du wirst nach und nach auch Deine Gewohnheiten ablegen, mehrere Dinge gleichzeitig zu machen, zum Beispiel gleichzeitig zu essen und fernzusehen, zu schreiben und zu telefonieren, zu lesen und sich dabei zu unterhalten. Du wirst Deine Handlungen auskosten, sie genießen wollen und dazu gehört einfach, eins nach dem anderen zu tun, um in jeder Deiner Handlungen voll dabei, voll Du selbst zu sein. Du wirst also Hektik und Eile zugunsten einer allumfassenden Lebensbejahung ablegen, und es wird Dir an nichts fehlen, denn Du kannst dann recht bald beobachten, daß Du entgegen Deiner in Hektik und Streß verfangenen Umwelt viel erfolgreicher, viel zielstrebiger und viel schneller Deine Aufgaben erledigst, weil Deine Handlungen bewußt sind und ungetrübt bleiben von Nervosität, Zeitdruck und streßbedingtem Energieverlust.

Und solltest Du tatsächlich einmal wieder in Dein altes Verhaltensmuster verfallen, das da heißt: »Ich habe keine Zeit«, dann mache Dir bewußt, daß auch die Zeit relativ ist; nämlich relativ abhängig zu unserer persönlichen Einstellung, wieviel Zeit wir uns für ein konkretes Vorhaben zubilligen.

John Eccles schreibt hierzu folgendes: »Nun gibt es einen besonderen Aspekt der Zeit, der von größtem Interesse ist, und den jeder erlebt hat. Er kommt in Notfällen vor. Wenn sich akute Notfälle ereignen, scheint die Zeit in Zeitlupe abzulaufen. Dies muß eine Anordnung für den selbstbewußten Geist sein, der aus den Modulen herausliest, die unter all diesem akuten Input in Beziehung zu dem Notfall stehen und der selbstbewußte Geist ist nun in der Lage, die Zeit zu verlangsamen, so daß er offensichtlich mehr Zeit hat, in dem Notfall Entscheidungen zu treffen. Man könnte auch sagen, er hat das Zeiterleben für seine Aktionen in kleinere Stücke aufgegliedert, so daß er die beste Möglichkeit hat, diesem Notfall zu begegnen.« (J.C. Eccles / K. Popper, Das Ich und sein Gehirn, S. 625).

Deshalb sei bereit, Dir alle Zeit zu nehmen, die Du brauchst für das, was Dir wertvoll ist, und für das Leben als Ganzes. Dann erreichst Du Deine Ziele sozusagen locker und in geraden Schritten, unbeirrt durch Aufregung und Hast der anderen und frei von Druck, mit innerer Ruhe und Ausgeglichenheit; ein bißchen wie bei der Fabel vom Igel und dem Hasen; nur daß Dein Trick allein darin besteht, aus der Hektik des Alltags auszusteigen, welche die in ihr verfangenen Menschen tatsächlich hemmt statt sie zu fördern und ihren Zielen näherzubringen.

Wie bei der Fabel vom Igel und dem Hasen werden Dich andere recht bald bewundern, wegen Deiner Ruhe und Selbstsicherheit und wegen Deiner Erfolge, die Du ohne Hektik und Streß, sozusagen wie im Vorbeigehen erringst. Sie werden ein wenig von Zauberei oder Magie flüstern oder einfach behaupten, Du hast immer nur Glück. Aber gerade darauf kommt es ja an, sich das Glück geneigt zu machen, mit Mitteln, die niemandem schaden, sondern allen nur nützlich sind.

Gewinne also Deine Ruhe zurück und Du gewinnst Dein Leben.

## 10. Lasse Dich nie durch die Negativität anderer Menschen von Deinem Weg abbringen

Eines der Haupthindernisse auf Deinem Lebensweg ist die Negativität anderer, die negative Lebenseinstellung Deiner Dir nahestehenden Menschen. Menschen, die Du liebst und die Du um keinen Preis verlieren oder enttäuschen willst.

Willst Du aber wirklich erfolgreich sein in den Dingen, die für Dein Leben wahrhaft wichtig sind, dann mußt Du erkennen, daß Du Deinen individuellen Weg gehen mußt, daß Du Dich zwischen den Idealen, Ideen und Wünschen der anderen und Deinen Wünschen entscheiden mußt, daß jeder Kompromiß nur zusätzliches Hindernis, nur zusätzliche Unzufriedenheit für Dich bedeutet.

Du solltest verstehen, daß Menschen, die Dich wirklich lieben, denen Du als Person ernsthaft etwas bedeutest, daß diese Menschen niemals versuchen würden, Dir ihren Willen aufzuzwingen und Dich von Deinem Weg abzubringen versuchen, sondern daß sie Dich fördern, unterstützen und in Deinem Engagement begleiten, nicht aber bremsen und verunsichern. Auf Menschen, die Dich in Deiner Art wie Du bist fördern, mußt Du Dich stützen; auf Menschen, die Dir und Deinen Idealen positiv gegenüberstehen.

Menschen sind aber nun einmal so, wie sie sind, und deshalb wirst Du eine ganze Anzahl von Personen in Deiner näheren Umgebung finden, die Negativität in Reinkultur verbreiten; die in allem und jedem Gefahr wittern, Bedrohung und Untergang und Dich mit allen Mitteln auf Deinem Weg behindern wollen. Dabei meinen sie es durchaus gut mit Dir. Für sie sind ihre Ängste real, und sie wollen Dich lediglich vor dem drohenden Unheil, das sie ganz klar vor Augen sehen, bewahren und schützen.

Die Freundin eines guten Bekannten von mir lebt ihre Ängste auf folgende Weise aus: Sie warnt alle und jeden vor allen möglichen Gefahren und Krankheiten, die auf sie lauern, und nimmt damit vor allem ihrem Freund jegliche Lebensinitiative.

Will er zum Beispiel mit ihr in Urlaub fahren, zählt sie alle möglichen Krankheiten auf, die man im Ausland bekommen kann und weist darauf hin, daß man zudem regelmäßig ausgeraubt wird. Bleibt er bei seinem Entschluß, dann fährt sie zwar mit, aber sie weist ihn in jedem Moment des Urlaubs auf die großen Risiken hin, die mit dem Urlaubsaufenthalt verbunden sind. »Trink nicht zu kalt, sonst wirst Du krank, iß das nicht, sonst bekommst Du Durchfall; vergiß nicht, zweimal zuzuschließen, sonst werden wir ausgeraubt,« so geht das dann den lieben langen Tag. Daß damit für beide keine entspannte Erholung möglich ist, liegt auf der Hand.

Will ihr Freund ein Geschäft tätigen, dann zeigt sie ihm auch hier nur die Risiken auf; daß man auch einmal ein kalkuliertes Risiko eingehen muß, um einen großen Gewinn zu machen, kann sie nicht nachvollziehen. Wenn mein Bekannter einen Abend durchfeiern will, erinnert sie ihn sofort daran, daß er dann am nächsten Tag müde und zu nichts zu gebrauchen sein wird. Ißt er einmal zuviel, macht sie ihn auf die gesundheitlichen Risiken aufmerksam. Holt er sich Ratschläge von Verwandten oder Freunden, verweist sie ihn darauf, diese könnten neidisch und eifersüchtig sein und ihr Ratschlag dementsprechend negativ voreingenommen sein. Will er Handwerker beauftragen, erinnert sie ihn daran, daß Handwerker gerne Pfuscharbeit machen. Will er anderen Bekannten helfen, zeigt sie ihm auf, daß er nur ausgenutzt werden soll. Was auch immer er tun will, immer zeigt sie ihm nur einen möglichen negativen Aspekt seines Handelns auf, niemals aber die positiven Auswirkungen, die sein Handeln für ihn und seine Umgebung bringen kann.

Menschen, die sich so oder ähnlich verhalten, haben oft eigene negative Erfahrungen nur unvollständig verarbeitet. Für sie haben sich deshalb solch negative Erlebnisse als Weltbild verfestigt; sie sehen bei allem nur die Schattenseite. Ihr Blickwinkel hat sich auf alles Negative und Bedrohliche im Leben verengt. Die Sonnenseite des Lebens vermögen sie nicht zu erkennen, ja sie leugnen sogar, daß es eine solche Sonnenseite, eine zweite Seite der Medaille, überhaupt gibt. Für sie existiert allein das Dunkle, Böse, Traurigkeit Hervorrufende. Wie in einer permanenten Depression wandeln sie durch das Grau des Lebens, unfähig, die Sonne, das Schöne und Fröhliche im Leben zu sehen.

Diese Menschen sind eine ernsthafte Bedrohung für Dich, Deinen Lebensweg und Dein Ziel, wenn Du nicht klar und deutlich zwischen Deiner Einstellung zum Leben mit der Fähigkeit, Sonnen- und Schattenseiten des Lebens gleichermaßen zu erkennen und als lebenswert anzunehmen und deren partieller Sichtweise des Lebens, beschränkt auf die dunklen Aspekte des Seins, trennst.

Nur wenn Du Deine Gedanken, Wünsche und Vorstellungen nicht von anderen negativ beeinflussen läßt, was auch immer sie sagen mögen, kannst Du Dein Ziel erreichen.

Dabei mußt Du sie keineswegs von Deiner positiven lebensbejahenden Einstellung überzeugen; Du kannst es zwar versuchen, wenn Dir ein Mensch sehr am Herzen liegt, aber Du wirst bald feststellen, wie schwierig es ist, jemanden, der so richtig in seiner Negativität verfangen ist und in Selbstmitleid über sich und die Welt gleichsam zerfließt, aus seiner Lebensanschauung herauszuziehen.

Aber darauf kommt es, wie gesagt, gar nicht so sehr an. Vielmehr kommt es darauf an, daß Du Dich nicht beirren läßt. Daß Du Deinen klaren Lebensstandpunkt einnimmst und ihn nicht durch negative Argumente beeinträchtigen oder gar zerstören läßt.

Das bedeutet nicht, daß Du wohlgemeinten Rat oder gut gemeinte Warnungen in den Wind schlagen solltest. Du solltest aber immer überprüfen, aus welcher Motivation heraus Dir der Rat erteilt wurde. Entspringt er nur einer überängstlichen, zaudernden, einer lebensverneinenden Einstellung, dann mußt Du abwägen, wieviel realistische Informationen dieser Ratschlag tatsächlich beinhaltet und wieviel an bloßer Lebensangst in dem erteilten Rat enthalten ist. Gibt es realistische Informationen, so sollst Du sie bei Deinen Entscheidungen keineswegs unberücksichtigt lassen und sie in Deine Lebenspläne zu integrieren versuchen. Die Lebensangst des Ratgebers aber mußt Du zurückweisen. Was Du brauchst, ist Mut zum Leben und Menschen, die Dich in diesem Mut bestärken. Nur so kannst Du wirkliche Pläne wahrhaft realisieren. Deshalb höre nicht auf Zauderer und Zweifler, nicht auf destruktive Kritik und Schlechtmacherei, sondern folge dem Rat konstruktiver

Ratgeber, die Dir zwar Gefahren aufzeigen, aber gleichzeitig Hinweise und Wege nennen, wie Du die erkannten Gefahren angehen, sie ausräumen und beseitigen kannst, um sodann auf Deinem Lebensweg weiterzugehen. Solche Ratgeber wirst Du seltener finden, aber ihr Rat ist ungleich wertvoller als der von destruktiven Kritikern, denn er verunsichert nicht, sondern zeigt Gefahren auf und weist einen Weg, die aufgezeigten Gefahren zu vermeiden und bestehende Hindernisse zu beseitigen.

Hüte Dich also vor der Negativität Deiner Mitmenschen. Lasse Dich niemals von ihnen anstecken und folge stets konstruktivem Rat, nicht aber destruktiver Kritik.

# 11. Sei mutig, das Glück ist immer auf der Seite der Mutigen

Ein Sprichwort sagt: »Wer wagt, gewinnt«. Und um etwas zu wagen, sich etwas zuzutrauen, braucht man Mut. Nur wenn Du Mut genug hast, das Leben zu leben, es aktiv mit allen Risiken anzunehmen und zu erleben, wirst Du es bewältigen, wirst Du Kraft und Stärke besitzen, das Leben in seiner Ganzheit, in seinen Höhen und Tiefen, mit seinen Glücksphasen und Abgründen voll und ganz anzunehmen und zu erleben.

Der Lebensmut, den ich meine, soll Dich nicht dazu verleiten, ab morgen mit Fallschirmspringen, Bungeejumping und Motorradrennen gleichzeitig anzufangen. Es soll ein konstruktiver Mut sein; Mut, der Dich befähigt, mit den Schwierigkeiten des Lebens locker, angemessen und kreativ umzugehen, ohne vor Angst und Panik gelähmt zu sein. Es soll ein Mut sein, der Dich mit dem Leben konfrontiert, so wie es ist, und der es erlaubt, daß Du diese Konfrontation erträgst, ohne Deine Illusionen, Wünsche und Träume aus den Augen zu verlieren, ohne sie gänzlich aufgeben zu müssen.

Wenn Menschen im allgemeinen von Mut sprechen, dann in der Regel immer im Zusammenhang mit recht unnützen und überflüssigen Dingen. Der Trapezkünstler, der ohne Netz und doppelten Boden arbeitet, der ist mutig; oder der Autorennfahrer, der weiterfährt und siegt, obwohl eben gerade sein bester Teamgefährte auf der gleichen Strecke tödlich verunglückt ist. Mut im konstruktiven, kreativen Sinn wird heute weniger denn je gefördert. Aber gerade hier ist er gefragt, zur Verwirklichung Deiner Lebenswünsche und Aufgaben. Hier lohnt es sich, wirklich mutig zu sein. Hier sollst Du Mut zeigen, hier sollst Du mutig und unbeirrt Deinen Weg gehen.

Wie aber wird man mutig in einer Zeit, wo weder Initiationsriten noch große körperliche Gefahren auf den durchschnittlichen Mitteleuropäer warten? Nun, da gibt es eine ganze Menge Möglichkeiten, seinen persönlichen Mut auch in der heutigen Zeit zu entwickeln. Ein Beispiel dafür ist die Entwicklung von Zivilcourage. Sie ist in der modernen Konsumgesellschaft das Betätigungsfeld, um Mut und Selbstbewußtsein an den Tag zu legen.

Oder gehört nicht etwa Mut dazu, aus dem täglichen Konsumrausch auszusteigen, bewußt ein kleines, umweltfreundliches, benzinsparendes Auto zu fahren oder ganz freiwillig aus dem jährlichen Urlaubsstrom gen Süden auszuscheren und Erholung im benachbarten Naturschutzgebiet zu suchen. Und wie steht es mit dem Mut, wenn Neonazis oder rechtsradikale Verbände auf offener Straße Ausländer zusammenschlagen oder Parolen gegen Juden, Schwule, Behinderte und andere Bevölkerungsgruppen krakeelen? Ist hier nicht Mut gefragt? Hier kannst Du üben und Deinen Mut entwickeln.

Das heißt nicht, daß Du Dich blind allein gegen ein halbes Dutzend paramilitärisch aufgerüsteter Rechtsradikale stellst. Dein Mut wäre zwar bewundernswert, und es würde Dir sicherlich die Titelgeschichte in einigen Boulevardblättern gewidmet, aber Deiner Gesundheit würde diese fraglos todesmutige Tat wenig förderlich sein. Nein, so muß Dein Mut wirklich nicht in die Tat umgesetzt werden. Aber

Du könntest Dich in Bürgerinitiativen und Vereinigungen gegen Ausländerdiskriminierung engagieren. Du könntest Dir eine ausländische Gastfamilie aussuchen, der Du bei behördlichen oder ausländerrechtlichen Fragen behilflich bist oder mit der Du die deutsche Sprache übst; eben einen Gegenpol gegen die ausländerfeindlichen Aktivitäten in Mitteleuropa bilden. Und wenn Du tatsächlich auf der Straße Augenzeuge von Tätlichkeiten gegen Ausländer oder andere Minderheiten wirst, dann bist Du selbstverständlich gefordert, unverzüglich Hilfskräfte zur Verhinderung dieser Taten zu mobilisieren, sei es die Polizei, seien es andere Passanten, die, von Deinem Mut angesteckt, bereit sind, gemeinsam mit Dir gegen die Gewalttäter vorzugehen – und gemeinsam mit anderen bist Du stark.

Zivilcourage zu zeigen bedeutet, sich für Verfolgte, Unterdrückte, Minderheiten im In- und Ausland, Kranke, Arme und Schwache einzusetzen, auch wenn das derzeit aus wirtschaftspolitischen Gründen nicht in Mode ist, vielleicht nicht einmal gesellschaftlich mehrheitsfähig erscheinen sollte. Hier kannst Du Deinen Mut erproben.

Eine weitere Möglichkeit, mutig gegenüber Deinen eigenen Sorgen und Ängsten zu werden, besteht wiederum in der bereits beschriebenen Technik, sich diese Ängste bewußt zu machen und auf einer Liste niederzuschreiben. Erstelle eine Hitliste, welches Deine schlimmsten Befürchtungen, Deine größten Ängste sind. Und wenn Du sie herausgefunden hast, dann entspanne Dich und stelle Dir in einer ruhigen Stunde genau dieses Ereignis, vor dem Du Dich am allermeisten fürchtest, vor. Male es in allen Details aus und durchlebe und durchleide es in Deiner Phantasie so intensiv Du dazu in der Lage bist. Und danach spüre, wie es Dir geht. In der Regel wird Deine Angst schwächer geworden, wenn nicht ganz verschwunden sein.

Durch das geistige Durchleben der angstbeladenen Situation nimmst Du sie sozusagen vorweg, durchlebst sie bereits, wenn auch in einer anderen – weniger realen – Situation. Dadurch nimmst Du der Bedrohung und Deiner Angst vor dieser Situation die Energie.

Und schließlich ist ja auch Deine Angst nur etwas, was in Deinem Kopf abläuft, also wieso willst Du deren Auflösung nicht auch auf der Kopfebene erreichen? Du brauchst nicht zu warten, bis sie real im Leben auftaucht. Wenn Du diese Übung nach und nach mit allen auf Deiner Angst-Liste aufgeführten Situationen durchführst, wirst Du die Irrationalität Deiner Ängste und Sorgen mehr und mehr erkennen und dadurch ruhig und mutiger werden, was das reale Leben anbelangt, weil Du gelernt und erkannt hast, daß Du auch durch unangenehme Situationen unbeschadet durchgehen kannst. Daß sie Deine Lebenserfahrung sogar noch vergrößern und Dich für die Zukunft noch sicherer und unerschütterlicher werden lassen.

Und wenn Du Deinen Mut erst voll entwickelt hast, dann werden Dich unangenehme reale Ereignisse nicht mehr aus Deiner inneren Mitte, aus Deinem Gleichgewicht ziehen können. Du wirst stabiler, zufriedener und lebensbejahender werden. Du wirst das Leben nehmen, wie es ist. Wenn es Dir traumhaft schöne Stunden bringt, wirst Du sie ohne Angst vor dem Morgen voll und ganz genießen. Wenn eine Lebensphase ohne Höhen und Tiefen eintritt, wirst Du sie ruhend in Deiner Mitte durchlaufen und Kraft und Energie aus der Ruhe schöpfen. Und wenn Dir das Leben turbulente und unangenehme Phasen beschert, dann wirst Du sie mit Deinem Mut, Deiner Zuversicht und dem Wissen, daß es immer weitergeht und auch wieder gute Zeiten folgen werden, unbeschadet bewältigen und überstehen.

Deshalb sei mutig. Du kannst nur gewinnen, und das Glück ist stets auf der Seite der Mutigen.

## 12. Sei großzügig im Denken

Mit meinem vorletzten Ratschlag zu einem glücklicheren und zufriedeneren Leben möchte ich Dich um Großzügigkeit bitten – Großzügigkeit mit Dir und allen Deinen Mitmenschen.

Großzügigkeit ist ein einfaches Mittel, sich das Leben von unwesentlichen Dingen freizuhalten, um sich auf die wahren Aufgaben und Ziele konzentrieren zu können.

Die meisten Menschen verlieren sich im Leben. Sie finden nie Zeit und Ruhe, die eigentlichen Dinge des Lebens zu beginnen, das zu verwirklichen, was sie für das Wichtigste im Leben halten, weil sie mit so vielen Nebensächlichkeiten beschäftigt sind, so daß Tage, Wochen, Monate und Jahre des Lebens einfach zerrinnen.

Betrachte einmal, wie viele Deiner Mitmenschen Stunden und ganze Tage mit unwesentlichen Dingen verbringen. Sie versuchen, ein optimales Grün ihres Rasens zu erreichen, polieren das Auto wöchentlich, rupfen auch den letzten Unkrauthalm aus dem Blumenbeet. Sie zanken sich stundenlang mit einer Bedienung, der sie wahrscheinlich in ihrem ganzen Leben kein zweites Mal mehr begegnen werden. Sie sind dem Herzinfarkt nahe, wenn ihr favorisierter Sportclub mal wieder den ersten Platz in der Liga ganz knapp verfehlt hat, ärgern sich halb tot, wenn der Hemdkragen nicht optimal gebügelt ist oder ein Freund 20 Minuten zu spät zu einer Verabredung kommt. Mit der Energie, die allein in die hier aufgezählten Beispiele investiert wird, ließen sich ganze Regenwälder wieder aufforsten oder ein Dutzend Hilfskonvois für hungernde Kinder in der Dritten und Vierten Welt organisieren.

Aber der Hemdkragen muß doch korrekt gebügelt sein! Natürlich ist ein gut gebügelter Hemdkragen erstrebenswert, eine entgegenkommende Bedienung wünschenswert und ein saftig grüner Rasen ästhetischer als ein gelblich verblichener. Und wenn der Sportclub nun endlich einmal den ersten Platz erringen könnte, wäre das auch phantastisch.

Aber die Welt ist nun einmal, wie sie ist. Sie geht nicht gleich unter, wenn das alles erst nächstes Jahr geschieht oder in zwei Jahren oder eben nach und nach. Im übrigen ist ein Rasen im Frühjahr natürlicherweise grüner als im Spätsommer und auch ein Sportverein kann einmal ein schlechtes und danach wieder ein gutes Jahr haben; oder eben im übernächsten Jahr wieder an der Spitze stehen.

Die Dinge sind ohnehin so, wie sie sind, ob Du Dich nun permanent darüber aufregst oder ob Du lernst, sie zu akzeptieren. Und nichts anderes bedeutet Großzügigkeit. Zu akzeptieren, wie die Dinge und die Menschen nun einmal sind und wie Du selbst bist. Und zu akzeptieren, daß nicht alles hundertprozentig perfekt sein kann. Wenn Dein Rasen Golfformat erreicht hat, werden vielleicht Deine Hemden schlecht gebügelt sein, weil Du eben nicht alles gleichzeitig machen kannst; man muß eben Prioritäten setzen.

Und in dem Maße, wie Deine Großzügigkeit wächst, wirst Du frei. Frei von Alltagsballast, frei von Druck und Streß, denn Du bist in der Lage, das Hier und Jetzt so zu akzeptieren, wie es ist und Dich auf die wichtigen Dinge des Lebens zu konzentrieren, auf die Dinge, die tatsächlich Bedeutung im Leben für Dich haben. Und sollte das Dein

Golfrasen sein, na, dann pflege ihn weiter; sollte es aber ein anderes Ziel sein, dann habe kein schlechtes Gewissen, den Rasen zu vernachlässigen. Auch eine wilde Blumenwiese hat schließlich ihren Reiz.

Großzügigkeit bedeutet nicht, daß Du Deine Idealvorstellungen von den kleinen Dingen des Lebens gänzlich aufgeben oder gar einer Art von Fatalismus erliegen sollst. Selbstverständlich kannst Du Dir weiterhin eine freundliche Bedienung, einen grünen Rasen und ein erstklassig gebügeltes Hemd wünschen.

Nur wenn Dein Tag anders aussehen sollte, Deine Idealvorstellungen nicht durchzusetzen sind, dann lerne, darüber hinwegsehen zu können und halte Dich nicht weiter mit derartigen Kleinigkeiten auf. Nur so wirst Du frei, Deinen Weg in angemessenen Schritten zu gehen. Andernfalls wird Dein ganzes Leben ausgefüllt sein mit einer endlosen Folge von Rasenmähen und Hemdenbügeln.

Willst Du also mehr vom Leben, dann sei großzügig.

Und schäme Dich nicht, wenn Dich jemand wegen Deines gelben Rasens oder des ungebügelten Hemdkragens zur Rede stellen sollte. Denn derjenige, der diese Dinge für erwähnenswert hält, macht im Zweifel den ganzen Tag nichts anderes als Autopolieren, Rasenmähen, Unkrautjäten und Hemdkragenbügeln. Das ist eben sein Leben. Wenn Dein Leben noch andere Lebensinhalte hat, dann stehe dazu und lasse Dich von Deinem Hemdkragen nicht unterkriegen.

Großzügigkeit bedeutet aber auch und vor allem, großzügig gegenüber seinen Mitmenschen zu sein, an ihnen nicht herumzunörgeln, sie so anzunehmen und zu akzeptieren, wie sie sind und nicht in den Wahn zu verfallen, alle müßten so denken wie Du oder so sein wie Du selbst. Hüte Dich davor, sie auf Deine eigene Lebenslinie einzuschwören. Jeder ist ein eigenes Individuum mit Vorlieben und Schwächen, Neigungen und Stärken, und jeder muß seinen Weg für sich allein finden.

Deshalb nimm Deine Mitmenschen, wie sie sind und sei großzügig mit ihnen.

Und auch mit Dir selbst sei großzügig. Du bist, wie Du bist und alle Schönheitsfarmen werden keine Claudia Schiffer und alle Fitneßstudios keinen Arnold Schwarzenegger aus Dir machen. Und das sollen sie auch gar nicht, denn Du bist Du und solltest auch Du bleiben. Du bist ein einzigartiges Wesen, einmalig auf der Welt und Du hast es nicht nötig, jemand anderes sein zu wollen. Sei Du selbst, so wie Du bist und stehe dazu. Mit Deinen Fehlern sei großzügig, dann bleibt Dir alle Energie für die wahrhaft wichtigen Dinge des Lebens, für das, was Dir wirklich Erfüllung und Zufriedenheit bringen kann, für Dein wahrhaftes Lebensziel.

Hast Du erst gelernt, großzügig mit Dir selbst und mit Deinen Mitmenschen zu sein, dann wird sich mehr und mehr eine Offenheit bei Dir einstellen zu den Dingen, wie sie sind und zum Leben als Ganzes. Eine Offenheit, die Dich zu mehr Phantasie und Inspiration in Deinem Leben führt, denn Du hast gelernt, Alternativen zu erkennen und sie in Deinem Leben zuzulassen.

»Es wird allgemein angenommen, daß kreative Phantasie die tiefstreichende menschliche Aktivität darstellt. Sie liefert uns die Erleuchtung für neue Einsichten und neues Verstehen. In der Wissenschaft führt die kreative Imagination zur Aufstellung neuer Hypothesen, die die alten sowohl einschließen als auch übertreffen. In ihrer Eigenschaft und ihrem Spielraum hat sie eine unmittelbare ästhetische Anziehungskraft.« (John C. Eccles, Gehirn und Seele, S. 176).

In diesem Sinne sei großzügig, offen, kreativ und phantasievoll und gestalte mit diesen Möglichkeiten Dein Leben in Deinem Sinne neu.

## 13. Glauben lernen

Der Schlüssel zu einem glücklichen und erfolgreichen Leben ist der Glaube an Dich selbst und an die in Dir liegenden Fähigkeiten. Besitzt Du diesen Glauben nicht, mußt Du ihn zurückgewinnen.

Ein erster Schritt, um den Glauben an sich selbst zurückgewinnen zu können, besteht in der aktiven Auseinandersetzung mit dem, was wir allgemein mit Problemen im Leben bezeichnen.

Dabei ist es wichtig zu erkennen, daß ein Problem nur der individuelle Unterschied zwischen einer konkreten Situation und der Bewußtseinslage des Menschen in dieser Situation ist.

Nur für den, der eine Situation nicht in sein Bewußtsein integrieren kann, wird die Situation zum Problem. In Wirklichkeit gibt es daher kein Problem an sich, sondern immer nur bezogen auf eine bestimmte Person. Man kann daher sagen: Es *gibt* keine Probleme; allenfalls *hat* jemand Probleme mit etwas.

Eine Person, die der englischen Sprache mächtig ist, wird keinerlei Schwierigkeiten sehen, sich während eines Aufenthaltes in England zu verständigen. Für jemanden, der kein Wort Englisch spricht, wird die Verständigung dagegen ein großes Problem werden. Ein Erstklässler wird mit dem Einmaleins Probleme haben, einem Schüler der fünften Klasse bereitet es dagegen keine Schwierigkeiten mehr.

So können alle Lebenskonstellationen durch Lernschritte, also durch aktive Auseinandersetzung und aktive Verwirklichung, umgesetzt und gelöst werden. Situationen, die anfänglich noch als großes Problem empfunden wurden, werden nach dem notwendigen Lernprozeß zu Selbstverständlichkeiten.

Wer also zum Dazulernen bereit ist, der kann jedes Problem lösen.

Im täglichen Leben benehmen sich jedoch die meisten Menschen so, als gäbe es Probleme an sich und fordern gerne ihre Umgebung auf, diese aus dem Weg zu räumen. Dabei wird verkannt, daß ein Problem immer etwas ganz persönliches ist, da es vom jeweiligen Entwicklungsstand abhängt. Wenn man so will, richtet es sich also immer an eine ganz bestimmte Person, die das Problem allein zu lösen vermag, wenn sie bereit ist, aus der Situation zu lernen – den geforderten Auseinandersetzungsprozeß also selbst zu bewältigen. Läßt man sich das konkrete Problem von anderen aus dem Weg räumen, hat man im Zweifel nichts dazugelernt, und man wird eine gleiche oder ähnliche Situation wiederum als problematisch empfinden.

Sieht man dagegen ein Problem als persönlich, an einen selbst gerichtet an, um sich im eigenen Bewußtsein weiterzuentwickeln und dazuzulernen und geht man diesen Lernprozeß selbst, auch wenn er mit Mühe verbunden ist, so räumt man seine Schwierigkeiten für alle Zeiten aus dem Weg.

Künftig wird man, mit ähnlichen Situationen konfrontiert, in ihnen kein Problem mehr sehen, denn man hat sich ja hierzu ein Lösungsmuster erarbeitet.

Ein Freund von mir litt unter starken Kontaktschwierigkeiten. Er war durchaus aufgeschlossen, offen und ein liebenswerter, hilfsbereiter Kerl, doch er konnte mit fremden

Menschen keinen Kontakt aufbauen. Es war wie eine Mauer um ihn herum und genauso isoliert kam er sich auch vor. Das Ganze löste sich recht schnell, wenn einer seiner Freunde oder Bekannten vermittelte und ihm neue Leute vorstellte und sie miteinander bekannt machte. Dann verlor er sofort seine Scheu und kam ins Gespräch. Nur allein von sich aus schaffte er es nicht, neue Kontakte zu knüpfen.

Als er beruflich in eine andere Stadt versetzt wurde, litt er dementsprechend eine ganze Weile unter seinem Problem, denn es waren keine Bekannten in der Nähe, die ihm neue Kontakte hätten vermitteln können. Hier erst begriff er, daß die Hilfe seiner Freunde ihn keinen Schritt weitergebracht hatte. Denn für seine Freunde war das Kontaktschließen ja nie schwierig gewesen, und er selbst löste sein Problem nicht dadurch, daß er die Freunde die Arbeit machen ließ. Also nahm er nach langem Zögern die Sache selbst in die Hand, antwortete zunächst völlig verängstigt auf einige allgemeine Kontaktanzeigen und erlangte durch die daraus folgenden Treffen nach und nach soviel Selbstsicherheit, daß das Kontaktschließen heute für ihn keine Schwierigkeiten mehr bereitet. »Es geht jetzt einfach wie von selbst«, sagte er mir kürzlich und: »Ich habe erkannt, daß ich Probleme nur für mich ganz allein lösen kann, denn jeder hat seine ganz persönlichen Schwierigkeiten, mit denen er lernen muß umzugehen, und nur wenn das Lernen erfolgreich abgeschlossen ist, löst sich das Problem tatsächlich auf; ich fühle mich jetzt, nachdem ich für mich gelernt habe, Kontakte zu schließen, als hätte ich mich selbst aus einem Käfig befreit – ein ganz neues Lebensgefühl.«

Das aktive Angehen von Problemen hat noch eine zweite wichtige Wirkung: Es gibt Selbstsicherheit. Hat man erst einmal gelernt, mit Schwierigkeiten im Leben umzugehen und sie ohne Hilfe anderer zu lösen, so wird man neue fremde Gebiete selbstsicherer und frei von Angst angehen, man wird experimentierfreudiger und damit auch ideenreicher.

Ein bedeutender Schritt zum *Glauben an sich selbst* ist damit bereits getan. Der nächste Schritt ist, seinen Glauben zu vertiefen, zu festigen und auszubauen, so daß man alle Ziele, die man wirklich anstrebt, auch erreichen kann.

Alle großen alten Religionen glaubten an ein Gesetz, daß man während eines Lebens genau das erhält, was man gegeben hat und daß man genau die Erfahrungen selbst macht, die man für andere schafft. Auf moderner psychologischer Ebene ausgedrückt bedeutet das, daß man sich seine Umwelt selbst kreiert, seine Lebenssituationen also ganz überwiegend unbewußt selbst gestaltet und erschafft. Am besten zu verdeutlichen ist dieses Prinzip mit dem Schlagwort: »Selffulfilling Prophecies« – »Sich selbst erfüllende Vorhersage.« Dieses psychologische Phänomen basiert auf der Annahme, daß, so wie Du an eine Sache, ein Problem, eine Lebenssituation herangehst, sie sich auch entwickelt. Beispiele hierzu gibt es in rauhen Mengen, im kleinen wie im großen.

Wenn Du zum Beispiel einen neuen Chef bekommst, der Dir vom ersten Eindruck her unsympathisch erscheint und den Du im Innersten ablehnst, wirst Du ihm unbewußt derart zurückhaltend und ablehnend begegnen, daß er Dir auch nicht offen und freundlich begegnen kann. Du wirst damit in Deinem Vor-Urteil, der neue Chef sei einfach nicht Dein Fall, am Ende voll und ganz bestätigt werden.

Oder Du stehst mit dem falschen Fuß zuerst auf, fühlst Dich unausgeschlafen und schlecht und sagst Dir zur Begrüßung im Spiegel bei der Morgentoilette: »Guten Morgen, heute wird sicherlich ein Scheißtag«. Bleibst Du den ganzen Tag konsequent bei diesem Tagesmotto, so wirst Du Dir alle Situationen um Dich herum so erschaffen, daß Dein Urteil über diesen Tag auch permanente Bestätigung findet. Du wirst aggressiver zur Arbeit fahren und gleichzeitig über die dümmliche Fahrweise der anderen schimpfen. Du wirst mit mißmutigem Gesicht im Büro oder Geschäft herumlaufen, so daß Dir auch Deine Kollegen und Mitarbeiter reserviert oder gar patzig begegnen, was dann ein Einschreiten Deines Chefs herausfordert. Abends, zu Hause bist Du dann total ausgelaugt und erschöpft vom Ärger des Tages, so daß Du Deine Abendverabredung auch noch versaust.

Na bitte, ein ganz entsetzlicher Tag, wie bereits frühmorgens prophezeit.

Die Beispielspalette ließe sich endlos weiterführen. Vom Urlaub in einem Feriengebiet, in das man eigentlich gar nicht so recht reisen wollte und das man dann am Ende einfach langweilig und entsetzlich fand, bis zu Geschäftsaktivitäten, hinter denen man nicht hundertprozentig steht und die dann – wie bereits erwartet – voll danebengehen.

Immer ist es die negative Einstellung zu der Sache, *der fehlende Glauben* an das, was man tut, der den Mißerfolg vorprogrammiert und beschleunigt.

*Ganz anders sieht die Situation dann aus, wenn Du Glauben entwickelst.*

Glaube an Dich und an all das, was Du in Angriff nimmst. Damit gibst Du Deinen Aktivitäten eine positive Grundtendenz, ein gutes »Chos« wie die Chinesen sagen. Du gehst mit Überzeugung an eine Sache heran, siehst damit mehr Alternativen und Wege zur Verwirklichung Deines Plans oder Deiner Aktivitäten, hast mehr Freude auf dem Wege zur Erreichung Deines Ziels, kurz gesagt, Du lädst alle positiven Kräfte ein, Deine Wegbegleiter und Deine Helfer zu sein, bei allem was Du tust.

Der Tag, der schlecht begann, wendet sich dann doch zum Guten, der Urlaub, der Dich nur kompromißweise in ein bestimmtes Urlaubsland führte, wird zu einem großen Erlebnis, weil du Dich neugierig und wißbegierig dem Ungewohnten öffnest und dabei die Schönheit und Freundlichkeit um Dich herum erleben kannst. Deine Geschäfte laufen selbst nach schwierigen Zwischenphasen gut, weil Du an das positive Gelingen Deines Tuns glaubst und allein dadurch in der Lage bist, Deinen Aktivitäten eine positive Wendung zum Guten zu geben.

Gleichzeitig wirst Du nach und nach dazu übergehen, nur noch Dinge in Angriff zu nehmen, hinter denen Du voll und ganz stehen kannst, zu denen Du eine vollständig positive Einstellung entwickeln kannst. Denn Du wirst merken, daß nur mit dieser positiven Einstellung der volle Erfolg gewährleistet ist. Du wirst also keine Halbheiten mehr machen, keine faulen Kompromisse, weil Du mehr und mehr erkennst, daß diesen Halbheiten am Ende immer weniger oder gar kein Erfolg beschieden ist. So trennst Du mehr und mehr die Spreu Deiner bisherigen Aktivitäten vom Weizen Deiner wahren Fähigkeiten und Wünsche, die Du dann zur vollen Verwirklichung führen wirst. Und damit erreichst Du schließlich vollständige Zufriedenheit. Die Zufriedenheit, die viele Menschen erfolglos suchen und nur deshalb nicht erreichen können, weil sie nicht zu *Glauben* gelernt haben, an sich und an das, was sie tun.

Dabei ist durchaus einzuräumen, daß dem Glauben eben anders als dem intellektuellen Wissen etwas Irrationales, etwas psychologisch Nebulöses anhaftet. Aber gerade das ist es, was die intellektuell überzüchtete westliche Gesellschaft wieder braucht. Träume, Visionen, Ziele und Wünsche, danach sehnen sich die meisten Menschen, die in wirtschaftlich gesicherten Verhältnissen leben, heute wieder.

Die Vernunft, der Intellekt ist dazu gemacht, Deine Handlungen zu unterstützen und Deine Ziele und Wünsche zur Verwirklichung zu führen. Vernunft und Intellekt sind dazu gedacht, die Wünsche Deines Herzens, Deine wahren Ziele und Ideen zur Ausführung zu bringen. Sie sind nicht dazu gedacht, diese Deine Ziele zu bestimmen. Vernunft und Intellekt sind Handwerkszeug zur Gestaltung eines zufriedenen Lebens; wie Dein Leben mit Sinn gefüllt werden kann, mit Zielen, die Deinem Selbst entsprechen, das kann Dir allein Deine Intuition sagen. Vertraue deshalb Deiner Intuition. Glaube an die Fähigkeit, Deine im innersten erfühlten Wünsche und Sehnsüchte zu verwirklichen und in die Realität umsetzen zu können. Dann bist Du authentisch und wirst ein glückliches und erfolgreiches Leben haben.

Darüber hinaus schließen Vernunft und Glauben meiner Auffassung nach einander nicht denknotwenig aus, sondern ergänzen sich zu einer glücklichen Einheit, wenn man nur gelernt hat, seinem Glauben auch überzeugend zu folgen. Denn der Glauben, den ich meine, ist ein rationaler Glaube, ein Glaube der Freiheit und inneren Unabhängigkeit. Erich Fromm hat zu dieser Frage folgendes geschrieben: »Steht Glaube notwendigerweise im Gegensatz oder ist er geschieden von Vernunft und rationalem Denken? Wenn man das Phänomen des Glaubens auch nur ansatzweise verstehen will, muß man zwischen rationalem und irrationalem Glauben unterscheiden. Unter irrationalem Glauben verstehe ich einen Glauben an eine Person oder eine Idee, bei dem man sich einer irrationalen Autorität unterwirft. Im Gegensatz dazu handelt es sich bei rationalem Glauben um eine Überzeugung, die im eigenen Denken und Fühlen wurzelt. Rationaler Glaube meint jene Qualität von Gewißheit und Unerschütterlichkeit, die unseren Überzeugungen eigen ist. Glaube ist ein Charakterzug, der die Gesamtpersönlichkeit beherrscht und nicht ein Glaube an etwas Bestimmtes.« (Erich Fromm: »Die Praxis der Liebe« in: Die Psychologie des 20. Jahrhunderts, S. 183).

Dieser rationale Glaube, wie Erich Fromm ihn beschreibt, ist im produktiven, intellektuellen und emotionalen Tätigsein verwurzelt. Er ist damit auch eine wichtige Komponente des rationalen Denkens, in dem er doch angeblich keinen Platz hat. Wie kommt zum Beispiel der Wissenschaftler zu einer neuen Entdeckung? Macht er zunächst ein Experiment nach dem anderen, trägt er Tatsache um Tatsache zusammen, ohne eine Vorstellung davon zu haben, was er zu finden erwartet? Nur selten ist auf irgendeinem Gebiet eine wichtige Entdeckung auf diese Weise gemacht worden, genausowenig wie man zu wichtigen Schlußfolgerungen kommt, wenn man lediglich seinen Phantasien nachjagt. Der Prozeß kreativen Denkens beginnt in allen Bereichen menschlichen Bemühens oft mit etwas, das man als eine rationale Vision bezeichnen könnte, welche selbst das Ergebnis beträchtlicher vorausgegangener

Studien und vieler Beobachtungen ist. Wenn es einem Wissenschaftler dann gelingt, genügend Daten zusammen zu tragen, die seine ursprüngliche Vision in hohem Maße plausibel machen, dann kann man von ihm sagen, es sei ihm gelungen, eine vorläufige Hypothese aufzustellen. Eine sorgfältige Analyse der Hypothese und ihrer Inhalte sowie die Sammlung neuer Daten, welche sie untermauern, führt dann zu einer adäquaten Hypothese und schließlich vielleicht zur Einordnung dieser Hypothese in eine umfassendere Theorie.

Die Geschichte der Wissenschaft ist voller Beispiele für den Glauben an die Vernunft und Visionen davon, was Wahrheit ist. Kopernikus, Kepler, Galilei und Newton waren alle erfüllt von einem unerschütterlichen Glauben an die Vernunft. Für diesen Glauben starb Giordano Bruno auf dem Scheiterhaufen und seinetwegen wurde Spinoza exkommuniziert.

Bei jedem Schritt vom Entwurf einer rationalen Vision bis hin zur Formulierung einer wissenschaftlichen Theorie braucht man Glauben: Glaube an die Vision als einem vernünftigen Ziel, das sich anzustreben lohnt, Glaube an die Hypothese als einer wahrscheinlichen und einleuchtenden Behauptung und Glaube an die schließlich formulierte Theorie, wenigstens so lange, bis eine allgemeine Übereinstimmung bezüglich ihres Inhaltes erreicht ist. Dieser Glaube wurzelt in der eigenen Erfahrung und im Vertrauen auf das eigene Denk-, Beobachtungs- und Urteilsvermögen. Während der irrationale Glaube etwas nur deshalb für wahr hinnimmt, weil eine Autorität oder die Mehrheit es sagt, ist der rationale Glauben in einer unabhängigen Überzeugung verwurzelt, die sich auf das eigene produktive Beobachten und Denken – und der Meinung der Mehrheit zum Trotz – gründet.

Natürlich sind Denken und Urteilen nicht die einzigen Bereiche, in denen der rationale Glauben eine Rolle spielt. Auch in der Sphäre der menschlichen Beziehungen ist der Glauben ein unentbehrlicher Bestandteil jeder echten Freundschaft oder Liebe. An einen anderen zu glauben heißt soviel, wie sich sicher zu sein, daß der andere in seiner Grundhaltung, im Kern seiner Persönlichkeit und in seiner Liebe zuverlässig und unwandelbar bleibt. Im gleichen Sinne glauben wir auch an uns selbst. Wir sind uns der Existenz eines Selbst, eines Kerns unserer Persönlichkeit bewußt, der unveränderlich ist und unser ganzes Leben lang fortbesteht, selbst wenn sich die äußeren Umstände ändern und unsere Meinungen und Gefühle gewissen Wandlungen unterworfen sind.

Dieser Kern ist die Realität hinter dem Wort »*Ich*«, auf der unsere Überzeugung von unserer eigenen Identität beruht. Glauben wir nicht an die Beständigkeit unseres Selbst, gerät unser Identitätsgefühl in Gefahr und wir werden von anderen Menschen abhängig, deren Zustimmung dann zur Grundlage unseres Identitätsgefühls wird. Nur wer an sich selbst glaubt, kann auch anderen treu sein, weil nur ein solcher Mensch sicher sein kann, daß er auch in Zukunft noch derselbe sein wird wie heute und daß er deshalb genauso fühlen und handeln wird, wie er das jetzt von sich erwartet.

Der Glaube an uns selbst ist auch eine Voraussetzung dafür, daß wir etwas versprechen können; und worauf es in Liebesbeziehungen ankommt, ist der Glaube an die eigene Liebe, der Glaube an die Fähigkeit der eigenen Liebe, bei anderen Liebe hervorzurufen und der Glaube an ihre Verläßlichkeit.

Ein weiterer Aspekt des Glaubens an einen anderen Menschen bezieht sich darauf, daß wir in dessen Möglichkeiten vertrauen.

Der Höhepunkt des Glaubens an andere aber wird im Glaube an die Menschheit erreicht. In der westlichen Welt kam dieser Glaube in der jüdisch-christlichen Religion zum Ausdruck und fand seine stärkste Ausprägung in den humanistisch orientierten politischen und gesellschaftlichen Ideen der letzten hundertfünfzig Jahre. Er beruht auf der Vorstellung, daß Menschen unter entsprechenden Bedingungen die Fähigkeit besitzen, eine von den Grundsätzen der Gleichheit, Gerechtigkeit und Liebe getragene Gesellschaftsordnung zu errichten. Noch ist den Menschen der Aufbau einer solchen Gesellschaftsordnung nicht annähernd gelungen und deshalb erfordert die Überzeugung, daß sie dazu in der Lage sein werden, meines Erachtens Glauben.

Während irrationaler Glaube in der Unterwerfung unter eine Macht, die als überwältigend stark, als allwissend und allmächtig empfunden wird, und im Verzicht auf die eigene Kraft und Stärke wurzelt, gründet sich der rationale Glauben auf die entgegengesetzte Erfahrung. Wir besitzen diese Art von Glauben an eine Idee oder an einen Menschen, weil sie das Ergebnis unserer eigenen Beobachtungen und unseres eigenen Denkens ist. Wir glauben an die Möglichkeiten anderer und an uns selbst nur deshalb, weil wir das Wachstum unserer eigenen Möglichkeiten, die Realität des Wachsens und die Stärke unserer eigenen Vernunft und unserer Liebesfähigkeit in uns erfahren haben; und wir vertrauen darauf nur soweit, wie wir diese Erfahrung in uns selbst gemacht haben.

Die Grundlage für einen rationalen Glauben ist Produktivität. Aus dem Glauben heraus leben heißt, produktiv sein. Daraus folgt auch, daß der Glaube an die Macht im Sinne irgendeiner Herrschaft und an die Ausübung von Macht genau das Gegenteil von wirklichem Glauben ist. An eine bereits existierende Macht zu glauben ist gleichbedeutend mit der Verleugnung der Wachstumschancen noch nicht realisierter Möglichkeiten. Bei der Macht handelt es sich regelmäßig um eine Voraussage auf die Zukunft, die sich lediglich auf die konkrete Gegenwart gründet und sich deshalb nur als schwere Fehlkalkulation herausstellen kann. Denn sie ist völlig irrational, weil sie die menschlichen Möglichkeiten und das menschliche Wachstum nicht berücksichtigt.

Es kann daher keinen rationalen Glauben an Macht geben. Es kann nur eine Unterwerfung unter die Macht geben oder von seiten derer, die sie besitzen, den Wunsch, sie zu behaupten. Während Macht für viele das Allerrealste auf der Welt zu sein scheint, hat die Geschichte der Menschheit gezeigt, daß Macht die unstabilste aller menschlichen Errungenschaften ist. Und weil Glaube und Macht sich gegenseitig ausschließen, werden alle Religionen und alle politischen Systeme, die ursprünglich auf einen rationalen Glauben gründeten, schließlich korrupt und verlieren ihre Stärke, wenn sie sich auf ihre Macht verlassen oder sich mit der Macht verbünden.

Glauben erfordert auch Mut. Damit ist die Fähigkeit gemeint, ein Risiko einzugehen, und auch die Bereitschaft für seinen Glauben und seine Überzeugung, Schmerz und

Enttäuschung hinzunehmen. Wer Gefahrlosigkeit und Sicherheit als das Wichtigste im Leben ansieht, kann keinen echten Glauben haben.

Glauben und Lieben brauchen Mut, den Mut, bestimmte Werte als das anzusehen, was uns unbedingt angeht, was wir unbedingt als lebensnotwendig erachten und dann den Sprung zu wagen und für diese Werte alles aufs Spiel zu setzen, alles zu wagen, um alles erreichen zu können.

Die Frage bleibt, ob man diese Art von Mut und Glauben irgendwie lernen kann? Glauben kann man tatsächlich immer und in jedem Augenblick üben. Man braucht Glauben, um ein Kind zu erziehen; man braucht Glauben, um einschlafen zu können; man braucht Glauben, um mit irgendeiner Arbeit anzufangen und fertig zu werden. Aber wir alle besitzen diese Art von Glauben. Wem dieser Glaube fehlt, leidet an einer Überängstlichkeit in bezug auf sein Kind, oder er leidet unter Schlaflosigkeit oder an der Unfähigkeit, eine produktive Arbeit zu leisten; oder er ist mißtrauisch und hat Hemmungen, mit anderen in Kontakt zu kommen, ist hypochondrisch oder unfähig, etwas auf längere Zeit hinaus zu planen. Zu seinem Urteil über einen Menschen auch dann zu stehen, wenn die öffentliche Meinung oder irgendwelche unvorhergesehenen Ereignisse den Anschein erwecken, daß man sich irrte; an seinen Überzeugungen auch dann festzuhalten, wenn sie unpopulär sind, zu all dem ist Glauben nötig. Die Schwierigkeiten, Rückschläge und Kümmernisse des Lebens als Herausforderung anzusehen, deren Überwindung uns stärkt und wachsen läßt, anstatt sie als ungerechte Strafe zu betrachten, das erfordert Mut und Glauben.

Das praktische Üben von Glauben und Mut fängt mit den

kleinen Dingen des täglichen Lebens an. Die ersten Schritte hierzu sind: darauf zu achten, wo und wann man seinen Glauben verliert, die Muster zu durchschauen, deren man sich bedient, um diesen Glaubensverlust zu verdecken, zu erkennen, wo man sich feige verhält und welche Muster man hierbei anwendet, zu merken, wie der Verrat am Glauben uns schwächt und wie jede neue Schwächung zu einem neuen Verrat führt, und daß dies ein Teufelskreis ist.

Dann werden wir auch erkennen können, daß wir über unseren fehlenden Mut zu glauben hinaus auch Angst haben, nicht geliebt zu werden, und daß diese Angst in Wirklichkeit, wenngleich meist unbewußt, nichts anderes ist, als die Furcht davor, selbst zu lieben. Denn Lieben heißt, daß wir uns dem anderen ohne Garantie ausliefern, daß wir uns der geliebten Person ganz hingeben, in der Hoffnung, daß unsere Liebe auch in ihr Liebe erweckt. Damit ist auch die Liebe ein Akt des Glaubens, und wer nur wenig Glauben hat und wenig Mut zum Glauben, der hat auch nur wenig Liebe.

Wie kann man nun seinen Glauben an sich selbst und an das, was man tut, tatsächlich in der Praxis üben und festigen? Glauben ist eine innere Überzeugung, die nur wachsen kann, wenn sie Bestätigung in der äußeren Welt findet. Gehe deshalb in kleinen Schritten vor. Wenn Du Deinen Glauben gleich davon abhängig machst, daß er nur dann gut funktioniert, nur dann berechtigt ist, wenn Du nächsten Samstag sechs Richtige im Lotto hast, wird er sich nur schwerlich entwickeln.

Beginne mit Kleinigkeiten. Fahre in die Innenstadt und schaffe Dir die Gewißheit, daß Du ganz sicher einen Parkplatz finden wirst. Versuche Dich in diesem Glauben durch nichts einschüchtern zu lassen, auch wenn Du beim ersten Mal gleich zehn Runden um den Häuserblock fahren mußt, Du wirst sehen, es funktioniert. Du wirst einen Parkplatz finden, an einem Platz, wo Du es zuvor nicht für möglich gehalten hättest.

Versuche dann, Deine Parkplatzsuche regelmäßig mit Deinem Glaubensbewußtsein durchzuführen, und nach spätestens einem Monat wirst Du sehen, daß immer genau dort, wo Du Dir einen freien Parkplatz wünschst, auch einer auf Dich wartet.

Und vor allem verzage nicht gleich am Anfang. Auch Glauben will gelernt sein. Du wirst sehen, daß es mit etwas Geduld und Übung und vor allem mit Vertrauen perfekt klappt.

Dehne Dein Glaubensbewußtsein dann auf weitere Bereiche Deines Lebens aus. Gehe zum Beispiel in der Mittagszeit in ein zentral gelegenes, beliebtes Restaurant, ohne einen Tisch vorzubestellen und glaube fest daran, daß Du einen Platz finden wirst, und Du wirst sehen, daß es klappt; sei es, daß noch ein Tisch frei geblieben ist, sei es, daß gerade in dem Moment, in dem Du das Restaurant betrittst, einige Personen das Restaurant verlassen und ein Tisch frei wird, sei es, daß Du »rein zufällig« einen netten Bekannten triffst, zu dem Du Dich setzen kannst. Wie auch immer, Du wirst Dein Ziel erreichen.

Dehne Dein Glaubensbewußtsein dann nach und nach auf immer mehr Bereiche Deines Lebens aus. Wenn Du zum Beispiel ein bestimmtes Buch kaufen willst, sei sicher, daß der Buchladen, den Du betreten wirst, dieses Buch auch vorrätig hat. Wenn Du in der Disco oder in Deinem Stammlokal bestimmte Leute treffen willst, sei sicher, daß sie da sein werden und wenn Du für ein bestimmtes Konzert oder eine Aufführung noch Eintrittskarten haben willst, sei sicher, daß die von Dir gewünschte Anzahl noch vorrätig sein wird.

Übe dieses Glaubensbewußtsein in jeder Situation Deines Lebens; sei sicher, daß Du pünktlich ankommen wirst, daß Du nicht in einen Stau geraten wirst, daß Du ein nettes Wochenende oder einen erholsamen Urlaub haben wirst.

Das Ganze funktioniert noch wesentlich treffsicherer, wenn Dir die Erfüllung Deines Wunsches, das Erreichen Deines Zieles in dem Moment, in dem Du die Verwirklichung in die Tat umzusetzen beginnst, nicht lebenswichtig erscheint – ich meine damit, daß Du nicht verkrampft an die Sache herangehen darfst.

Wenn Du denkst: »Ich will unbedingt pünktlich zu einem Treffen gelangen, und ich weiß sicher, daß ich es schaffen werde, ohne in ein Verkehrschaos oder in sonstige zeitraubende Schwierigkeiten zu geraten«, dann hast Du bereits alles zur positiven Verwirklichung Deines Vorhabens beigetragen.

Wenn Du Dich aber verkrampfen solltest, weil es Dir absolut total wichtig ist, ja im Moment das Allerwichtigste auf der Welt erscheint, zu dieser Verabredung hier und jetzt unbedingt pünktlich zu erscheinen, dann störst Du unbewußt Dein zunächst solide und zielstrebig geplantes Handeln, das ohne diesen störenden Einfluß in jedem Falle auch zum Erfolg geführt hätte.

Gehe deshalb locker und ruhig an die Sache heran, etwa mit einem Bewußtsein, das Dir sagt: »Ich werde mein Ziel, heute pünktlich zu sein, in jedem Falle erreichen; sollte aber aus irgendwelchen völlig unerklärlichen Gründen mein Vorhaben heute ausnahmsweise nicht gelingen, dann geht die

Welt nicht unter, was soll`s, dann werde ich mich eben entschuldigen und das nächste Mal wieder pünktlich sein.«

Mit dieser Einstellung nimmst Du Dir jeden Druck und gehst locker an Dein Vorhaben heran, aber mit der vollkommenen Gewißheit, daß Dir alles, was Du anfangen wirst, auch gelingen wird, auch wenn es wider Erwarten mal daneben geht.

Wenn Du Deine Einstellung zum Glaubensbewußtsein gefestigt hast, wenn Du das innere Empfinden gewonnen hast, daß es tatsächlich funktioniert, sich allein auf Grund Deiner geänderten Lebenseinstellung etwas zum Positiven gewendet hat, und Dir jetzt Dinge gelingen, die Du früher nie für möglich gehalten hättest, dann gehe daran, Deine großen Wünsche und Ziele mit Hilfe Deines Glaubensbewußtseins zu verwirklichen.

Wenn Du zum Beispiel eine neue Partnerschaft einzugehen wünschst, dann gehe auf die nächste Party, zum nächsten Diskussionsabend oder zum nächsten Tennismatch mit der sicheren Gewißheit, daß Du hier und jetzt Deinen neuen Partner kennenlernen wirst. Ist Dein Glaube tatsächlich unerschütterlich geworden, dann wird Dein Wunsch erfüllt. Du wirst »ganz zufällig« Deinem Traummann oder Deiner Traumfrau begegnen und Du wirst dann keinerlei Hemmungen oder Probleme haben, mit ihm oder mit ihr ins Gespräch und in Kontakt zu kommen. Es wird sich alles von allein ergeben. Ist Dir das erst einmal bei engen zwischenmenschlichen Beziehungen geglückt, wird Dir Dein Glaubensbewußtsein immer und überall hilfreich zur Seite stehen. Du wirst allein auf Grund Deiner festen inneren Überzeugung, Deines Urvertrauens, alles erreichen, was Du anstrebst. Ob Du einen Bankkredit trotz schlechter Sicherheiten brauchst, ob Du ein bestimmtes Haus oder ein ganz bestimmtes Auto wünschst, Du wirst es bekommen.

Und wenn Du dann endlich Dein Glaubensbewußtsein zur Verwirklichung des von Dir angestrebten ideellen Zieles einzusetzen bereit bist, dann wirst Du alles erreichen, was Du Dir immer ersehnt hast. Du wirst glücklich und zufrieden sein. Durch Dein Glück und Deine Zufriedenheit wirst Du dann in der Lage sein, anderen Menschen effektiv und nachhaltig helfen zu können, auch ihre Lebenssituation positiv zu verändern, zufrieden und ausgeglichener zu werden und so vielleicht nach und nach und mit der positiven Hilfe anderer auch gesellschaftlich ein neues Bewußtsein, eine lebensbejahende Gemeinschaft erschaffen, die im Einklang mit sich, ihrem Nächsten und ihrer Umwelt lebt.

Nur mit Dir, mit Deiner Arbeit an Dir selbst und Deiner Bereitschaft zu größerem Denken und alternativen Wegen ist eine Änderung des Gesellschaftsbewußtseins zum Positiven möglich. Jeder einzelne ist dabei gefragt und gefordert. Jeder kann ein Stück zum Bewußtseinswandel hin zu *Zufriedenheit, Glück, Harmonie und Gerechtigkeit* beitragen, und wenn viele an dieser Arbeit teilnehmen, ist auch ein gesellschaftlicher Wertewandel nicht mehr weit.

Blaise Pascal hat einmal gesagt: »Der Glaube ist eine weise Wette, gewinnt man, dann gewinnt man alles, verliert man, so verliert man nichts!«

Es lohnt sich daher zu glauben, an sich, an das, was man tut und an die Werte, die man für wert hält, in einer positiven Gesellschaft verwirklicht zu sehen.

# Schluß

Menschen haben schon immer verstanden, »sich zu zerstreuen«, abzulenken durch Kleinigkeiten und Nebensächlichkeiten und Dinge, auf die es im Leben tatsächlich überhaupt nicht ankommt, die sie nur von sich selbst und dem, was ihr wahres Leben, ihr innerstes Selbst eigentlich ausmacht, wegführt und sie dadurch in ihrem Streben nach Glück und Zufriedenheit immer weiter von ihrem eigentlichen Ziel entfernt.

Es ist unsere Aufgabe, sich diese Situation bewußt zu machen und Methoden und Wege zu finden, wie wir uns selbst neu entdecken, neu erfahren und neu verwirklichen können. Andere können uns nur beraten, helfen müssen wir uns letztendlich selbst. Nur wenn Du bewußt und authentisch lebst, wirst Du die Möglichkeit haben, Dich zu verwirklichen, Dich in Deinem Leben selbst wiederzufinden und mit Dir und Deiner Lebenssituation zufrieden zu sein, ja, Glück finden zu können. Dabei muß jeder seinen eigenen Weg finden und gehen, seinen eigenen individuellen Schritten folgen, seine Lebensschwerpunkte finden und am Ende seine eigenen, urpersönlichen Wünsche und Ziele erleben und ausleben.

Jeder Mensch muß seinen individuellen Anlagen gemäß sein Leben ausgestalten, sein Leben mit Sinn und Zielen füllen und versuchen, dieses sein individuelles, ureigenes Leben mit einem Zeitraum zwischen vielleicht 40 und 90 Jahren zu genießen, anzunehmen und zu lieben.

Dabei ist es letztlich ganz unerheblich, welchen Weg

man einschlägt, welche Schritte man für sich in diesem Leben wählt. Ob jemand seinen Lebenssinn in seiner Arbeit findet oder in seiner Familie oder in Sport und Freizeit oder gar in sich selbst, darauf kommt es eigentlich gar nicht so sehr an.

Das Allerwichtigste ist eben, sein Eigenes zu finden, das zu finden, was einem das Leben ganz besonders lebenswert zu sein erscheinen läßt, eben die absolute echte Identifikation mit der gewählten Lebensrolle, der angestrebten Lebensaufgabe. Dieses Einssein mit seinem Tun, diese Identifikation mit seinem Denken, Fühlen und Handeln, bildet die Grundlage für Zufriedenheit, Wohlbefinden und Glück; für das also, wonach alle Menschen gleichermaßen streben, das aber scheinbar nur wenige in der Hektik und Verworrenheit der Alltagswelt zu finden in der Lage sind.

Dieses Einssein mit seinem Denken, Fühlen und Handeln macht einen Menschen authentisch, aufrichtig und gradlinig. Es gibt ihm das Rüstzeug dafür, alles zu erreichen, was er aufrichtig und ernsthaft anstrebt. Und wenn dieses Streben auf Glück und Zufriedenheit gerichtet ist, wird er es erlangen.

Und ist er sich in dieser seiner neuen authentischen Lebensweise erst einmal sicher, dann wird er das gefundene Glück, die erlangte Zufriedenheit mit anderen teilen können, er wird von seiner positiven Lebenseinstellung, von seiner positiven Sicht der Dinge anderen ein Stück Lebensgluck abgeben konnen, er wird dann spüren, daß das Teilen seines eigenen Glückes dieses Glück noch vermehrt und er wird mehr und mehr ein Helfer für andere, für die Gesellschaft und die von Menschen geschädigte Natur.

Versuche also, diesen Weg des Glücks zu gehen, ihn für

Dich zu finden und nicht zu verlassen, dann wirst Du nicht nur Dir, sondern auch Deinen Mitmenschen Fels in der Brandung sein; eine Persönlichkeit, die sich durch alltägliche Hindernisse und Schwierigkeiten nicht mehr aus der Bahn werfen lassen wird. Eine Persönlichkeit, die weiß, was sie will und dieses Wissen unbeirrbar nutzt, zum Guten für sich und ihre Mitmenschen.

# Nachwort

Dieses Buch hat Methoden aufgezeigt, wie man mit einfachen Mitteln eine positivere Einstellung zum Leben entwikkeln kann. Darüber hinaus wurden Wege dargestellt, wie man seine eigensten Wünsche und Ziele verwirklichen, seine Pläne in die Tat umsetzen kann und so zu der von jedem angestrebten Lebensqualität, zu Zufriedenheit und Glück gelangen kann.

Wenn Du den Gedanken dieses Buches aufmerksam folgst, wirst Du Deine täglichen Pflichten und Vereinbarungen mit neuer Lebendigkeit ausfüllen. Du wirst in der Lage sein, ein neues Empfinden für Freude und Begeisterung zu entwickeln. Dabei wirst Du die Wirksamkeit Deines Handelns vertiefen und die Befriedigung in den wesentlichen Bereichen Deines Lebens einschließlich der täglichen Arbeit, Deiner Berufs- und Lebensziele und Deiner Beziehung in Familie und Freundschaften erhöhen. Du wirst darüber hinaus Klarheit über Deine Prioritäten, Deine Werte und Fähigkeiten erlangen und den Weg Deines Lebens aktiv, kreativ und individuell gestalten. Du wirst bereit sein, bedeutsame Veränderungen zu bewirken und kein Risiko zu scheuen, um Deine wahren Lebensziele zu verwirklichen. Rückschläge werden Dich daran nicht hindern können, weil Du gelernt hast, sie schnell, angemessen und leicht zu beheben und weil Du nun weißt, daß man aus jeder Niederlage nur lernen kann. Du erlangst Selbstsicherheit, die Dir die Lebensangst nimmt und Dich offen für Veränderungen und Neuerungen macht.

Schließlich findest Du Zugang zu Deiner eigenen, inneren Kraft, die Dich authentisch macht, beherzt, kreativ und lebensbejahend.

Und vielleicht, wenn Du Dein persönliches ideelles Ziel hoch genug gesteckt hast, dann wirst Du in der Lage sein, über die Grenzen Deiner Identität hinaus in eine Zukunft zu sehen, die aus den Möglichkeiten entstanden ist, die Dir offenstehen und nicht aus dem, was bislang in Deinem Leben gewesen ist. Eine Zukunft, die Du aktiv mitgestalten wirst, durch außergewöhnliches Denken und mitfühlendes Tun und mit festem Glauben an Dich und Deine Mitmenschen sowie deren Fähigkeiten zu Liebe, Frieden und Mitgefühl. Und wenn Du diesem Deinem Weg konsequent folgst, wird Dir darüber hinaus die Möglichkeit geboten, ein Gefühl des Miteinanders zu entwickeln, ein Gefühl von Einheit und Einklang mit Dir und allem, was um Dich herum existiert, ein Einheitsgefühl, das über das übliche Maß hinausgeht.

Ein Beispiel für das Erleben dieser universellen Einheit wird deutlich in den Schriften Giordano Brunos, jenes katholischen Gelehrten, der am 17. 02. 1600 als Ketzer auf dem Scheiterhaufen der Inquisition verbrannt wurde.

Giordano Bruno schreibt: »Es wurde nicht ohne Grund gesagt, daß Gott alle Dinge erfüllt, allen Teilen des Universums einwohnt, der Mittelpunkt von allem ist, was Sein hat, als Einer in Allem ist und als Der, durch den alles Eines ist!« Und weiter schreibt er: »Jenes Wesen, das wir Gott nennen, ist ja das Innerlichste, innerlicher in allem, als man sich die Form als Ganzes denken kann. Denn Er ist die Wesenheit, durch die alles, was ist, sein Sein hat und da Er in allem ist, ist jegliches Ding in Ihm innerlicher als die eigene Form im Ganzen. Daraus folgt, daß alles in allem ist und daß also alles Eins ist.« (Giordano Bruno, Gesammelte Philosophische Werke, Leipzig 1904, Bd. I, Dialog V u. Band IV, Seite 13).

Diese, auch für Atheisten bedeutende Feststellung, besagt nicht mehr und nicht weniger, als daß das Glück, die Zufriedenheit, das was Menschen immer und zu allen Zeiten gesucht haben, in allem und jedem zu finden ist, da alles zu einer großen Einheit, zu einer göttlichen Einheit, wie gläubige Menschen sagen würden, gehört.

»Heaven is not a place, it`s a feeling«, wird uns von der modernen Werbung suggeriert. Aber genau dieses Gefühl kannst Du durch alles und überall erzeugen, wenn Du authentisch mit Dir selbst bist. Denn nur dann kannst Du Dich wirklich eins mit allem fühlen, Dich für alles, was Du erlebst, öffnen, es annehmen, wie es ist und das für Dich Beste aus jeder Situation machen. Öffne Dich Dir selbst, dem Leben und Deiner Umgebung und Du wirst alles finden, was Du Dir immer gewünscht und ersehnt hast; hier und jetzt!

Darauf baue Deine neue, bessere und glücklichere Welt, Deine Zuversicht und Dein Vertrauen!

# Literaturverzeichnis

Roger Bacon, »Opus Maius Maioris« 1204

Giordano Bruno, »Gesammelte Philosophische Werke«, Leipzig 1904 Bd.I, Dialog V u.Bd IV

Karlfried Graf Dürckheim, »Meditation«, München 1989

John C. Eccles, »Gehirn und Seele«, München, Zürich 1987

John C.Eccles, »Die Psyche des Menschen«, München 1990

Erich Fromm, »Die Praxis der Liebe«, München 1989

Friedrich Hölderlin, »Hyperion oder der Eremit in Griechenland«, Leipzig 1797

Carl Gustav Jung, »Wirklichkeit der Seele«, München 1992

Karl R. Popper / John C. Eccles, »Das Ich und sein Gehirn«, München, Zürich 1982

Franziska Stalmann, »Die Psychologie des 20. Jahrhunderts«, München 1989

Mathias Wendel / Ute York, »Maskenball der Seele«, München 1993

# Literaturhinweise:

Im gleichen Verlag sind vom gleichen Autor erschienen:

Antar Pradeep: „Der tiefe See" – esoterischer Einweihungsroman ISBN 3-00-006418-4, Swami Prem Jayant Verlag, Erfelden a. Rh. 2000

Antar Pradeep: „Heilende Meditationen" – 13 Stufen zur Ganzheit von Körper, Seele und Geist – ISBN 3-8311-1492-7 Swami Prem Jayant Verlag, Erfelden a. Rh. 2001

Weitere Informationen erhalten Sie über den Verlag
oder dem
Meditation-Center-Erfelden e.V.
Tel.: 06158/188761
Fax: 06158/188760